# CHEMIN DE FER
# DU NORD.

# TARIFS SPÉCIAUX

POUR LES

## TRANSPORTS A PETITE VITESSE,

Applicables à partir du 1er avril 1860.

**1er AVRIL 1860.**

LILLE
IMPRIMERIE DE L. DANEL.
1860.

# CHEMIN DE FER
## du Nord.

# TARIFS SPÉCIAUX

POUR LES

## TRANSPORTS A PETITE VITESSE,

Applicables à partir du 1er avril 1860.

**1er Avril 1860.**

# TABLE DES MATIÈRES.

# Tarif spécial P. V. — N.° 1.

## GRAINS, GRAINES, FARINES DE BLÉ,

### SONS ET ISSUES, FÉCULES ET POMMES DE TERRE EN SACS (1),

Par wagon complet d'au moins 5,000 kilogrammes.

Sous la dénomination de **GRAINS** sont compris les **Avoines**, **Blé**, **Féveroles**, **Maïs**, **Orge**, **Sarrasin** et **Seigle**.

Sous la dénomination de **GRAINES** sont comprises les **Graines fourragères** telles que *Luzerne*, *Millet*, *Sainfoin*, *Trèfle*, *Vesces ;* et les **Graines oléagineuses** telles que *Cameline*, *Chanvre*, *Colza*, *Lin*, *Navette*, *OEillette*, *Rabette*, *Sésame*.

### PRIX DE GARE EN GARE:

### § I. 5.e Série des tarifs généraux.

MAXIMUM DE PERCEPTION :

12 Fr. par tonne pour les expéditions en destination de Maubeuge, Cambrai, Valenciennes, Boulogne Lille, Calais et Dunkerque.
14 » » » » de Mouscron, Quiévrain, Erquelines et Laon.
16 » » » » de La Chapelle.

(*Y compris les frais de manutention.*)

Les maxima ci-dessus seront également appliqués aux parcours intermédiaires compris entre le point de départ et les stations dénommées au présent paragraphe, dans le cas où l'application du prix de la 5e série des Tarifs généraux à ces parcours intermédiaires ferait ressortir un prix plus élevé que les maxima fixés.

§ 2. Néanmoins les expéditions entre les stations ci-après dénommées seront taxées aux prix indiqués ci-dessous, lesquels sont inférieurs à ceux de la 5.e série des Tarifs généraux.

(1) Les prix qui précèdent et ceux qui suivent sont également applicables aux pommes de terre en vrac, à la condition que le chargement et le déchargement seront faits par les expéditeurs et les destinataires. Dans le cas où l'une de ces opérations serait faite par la Compagnie, elle lui serait payée 0, 30 cent. par 1,000 kilog.

Prix par 1,000 kilog., y compris les frais de manutention :

| DES STATIONS ci-après AUX STATIONS ci-contre et réciproquement. | DUNKERQUE | | LILLE. | | SECLIN. | | DOUAI. | | SOMAIN. | | VALENCIEN. | | ARRAS. | | ST-QUENTIN | | LANDRECIES | | MAUBEU | |
|---|---|---|---|---|---|---|---|---|---|---|---|---|---|---|---|---|---|---|---|---|
| | Distances. | PRIX. | Distances. | PRIX. | Distances. | PRIX. | Distances. | PRIX. | Distances. | PRIX. | Distances. | PRIX. | Distances. | PRIX. | Distance. | PRIX. | Distance. | PRIX. | Distance. | PR |
| Cambrai | 156 | 8 » | 74 | 5 » | » | » | 41 | 4 » | » | » | 46 | 4 » | 64 | 5 » | 53 | 4 50 | 49 | 5 » | 74 | 6 |
| Arras | 142 | 8 » | 60 | 5 » | » | » | » | » | » | » | 59 | 5 » | » | » | » | » | » | » | » | |
| Calais | » | » | 106 | 5 50 | 115 | 6 » | 137 | 7 » | 152 | 8 » | 173 | 8 50 | 163 | 8 » | » | » | » | » | » | |
| Dunkerque | » | » | 84 | 5 50 | 94 | 6 » | 116 | 7 » | 131 | 8 » | 151 | 8 50 | 142 | 8 » | » | » | » | » | » | |

Les expéditions *de* ou *paur* une station non dénommée ci-dessus, comprise entre deux stations dénommées, jouiront du bénéfice des prix indiqués ci-dessus, en payant pour la distance entière, depuis la dernière station dénommée, située avant le lieu de départ, jusqu'à la première station dénommée, située après le lieu de destination, si la taxe ainsi calculée est plus avantageuse pour les expéditeurs que celle de la 5.e série des tarifs généraux.

# CONDITIONS.

Les prix du présent tarif ne sont applicables qu'aux expéditions d'au moins 5,000 kilogrammes.

Les expéditions inférieures à 5,000 kilogrammes restent soumises aux prix et conditions du tarif général, à moins que l'expéditeur n'ait avantage à payer une taxe calculée sur 5,000 kilogr., d'après le prix du présent tarif spécial.

La Compagnie se réserve de prolonger à sa volonté, de cinq jours au-delà des délais réglementaires pour le transport des marchandises à petite vitesse, la durée des transports faisant l'objet de ce tarif.

Elle ne répond pas des avaries et déchets de route, en général, ni des effets de la gelée sur les pommes de terre.

Les expéditeurs sont tenus, d'ailleurs, de se conformer exactement à tous les règlements et ordres de service de la Compagnie, ainsi qu'à celles des conditions du tarif général qui ne se trouvent pas modifiées par le présent tarif.

## AVIS IMPORTANT.

Les prix du présent tarif ne seront appliqués qu'autant que l'expéditeur en aura fait la demande expresse sur sa déclaration. A défaut de cette demande préalable, l'expédition sera taxée de droit aux prix et conditions du tarif général.

# Tarif spécial P. V. — N.° 2.

## LINS EN BALLES.

PRIX PAR 1,000 KILOG., DE GARE EN GARE.

| | f. | c. | |
|---|---|---|---|
| De Boulogne à Abbeville . . . . . . . . . . . . . . . . . . . | 11 | 10 | Frais de manutention compris. |
| — à Pont-Remy. . . . . . . . . . . . . . . . . . . | 11 | 90 | |
| — à Amiens. . . . . . . . . . . . . . . . . . . . | 16 | 20 | |
| De Calais et d'Audruicq, de Dunkerque et de Bergues à Lille. . . . | 9 | » | |
| — — — — à Armentières. | 8 | » | |
| De Saint-Quentin et de La Fère à Calais, à Dunkerque et à Boulogne. . . . . . . . . . . . . . . . . . . . . . . . . | 21 | » | |

Les expéditions *de* ou *pour* une station non dénommée ci-dessus, comprise entre deux stations dénommées, jouiront du bénéfice du présent tarif spécial, en payant, pour la distance entière, depuis la dernière station dénommée, située avant le lieu de départ, jusqu'à la première station dénommée située après le lieu de destination, si la taxe ainsi calculée est plus avantageuse pour les expéditeurs que celle du tarif général.

## CONDITIONS.

La Compagnie se réserve la faculté de prolonger, à sa volonté, de 5 jours au-delà des délais réglementaires pour les transports à petite vitesse, la durée des transports faisant l'objet de ce tarif.

Les expéditeurs seront tenus d'ailleurs de se conformer exactement à tous les règlements et ordres de service de la Compagnie, ainsi qu'à celles des conditions du tarif général qui ne se trouvent pas modifiées par le présent tarif.

La Compagnie décline toute responsabilité pour les avaries résultant du manque d'emballage.

## AVIS IMPORTANT.

Les prix du présent tarif ne seront appliqués qu'autant que l'expéditeur en aura fait la demande expresse sur sa déclaration. A défaut de cette demande préalable, l'expédition sera taxée de droit aux prix et conditions du tarif général.

# Tarif spécial P. V. — N.° 3.

## VINS ET VINAIGRES EN FUTS.

PRIX PAR 1,000 KILOG., DE GARE EN GARE.

| | | F. | C. | |
|---|---|---|---|---|
| De Calais et de Dunkerque | à Armentières et à Lille | 6 | 50 | Frais de manutention compris. |
| | à Seclin | 7 | 50 | |
| | à Douai | 9 | » | |
| | à Somain, à Valenciennes et à Arras | 11 | » | |
| | à Cambrai et à Quiévrain | 12 | » | |
| | à Albert | 14 | » | |
| | à Amiens | 16 | » | |
| De Boulogne | à Amiens | 11 | 50 | |

Les expéditions *de* ou *pour* une station non-dénommée ci-dessus, comprise entre deux stations dénommées, jouiront du bénéfice du présent tarif spécial, en payant pour la distance entière depuis la dernière station dénommée, située avant le lieu de départ, jusqu'à la première station dénommée, située après le lieu de destination, si la taxe ainsi calculée est plus avantageuse pour les expéditeurs que celle du tarif général.

## CONDITIONS.

La Compagnie se réserve la faculté de prolonger, à sa volonté, de 5 jours au-delà des délais règlementaires pour les transports à petite vitesse, la durée des transports faisant l'objet de ce tarif.

Les expéditions inférieures à 50 kilogrammes restent soumises aux prix et conditions du tarif ordinaire, à moins que l'expéditeur n'ait avantage à payer une taxe calculée sur 50 kilogrammes, d'après le prix du présent tarif spécial.

Les expéditeurs seront tenus d'ailleurs de se conformer exactement à tous les règlements et ordres de service de la Compagnie, ainsi qu'à celles des conditions du tarif général qui ne se trouvent pas modifiées par le présent tarif.

### AVIS IMPORTANT.

Les prix du présent tarif ne seront appliqués qu'autant que l'expéditeur en aura fait la demande expresse sur sa déclaration. A défaut de cette demande préalable, l'expédition sera taxée de droit aux prix et conditions du tarif général.

# Tarif spécial P. V. — N.° 4.

## FERS, FONTES, etc.

Par wagon complet d'au moins 5,000 kilogrammes.

| DÉSIGNATION DES MARCHANDISES APPELÉES A JOUIR DE CE TARIF. | SÉRIES. |
|---|---|
| Clous et chaînes en barils, fer-blanc en caisse, essieux non montés, plaques de garde, acier en barres et en bottes, boulons en barils, câbles en fer, chevillettes en barils, tôles de plus de deux millimètres d'épaisseur, poids à peser, roues de wagon, colonnes, tuyaux, pièces de pont, boîtes de roues....... | 4.e série du tarif général. |
| Fer en bottes et en barres, grosse fonte moulée, telle que poids d'horloges, contrepoids, crapaudines, gargouilles, tuyères, plaques et grilles d'égoût... | 5.e série du tarif general. |
| Rails et coussinets, ferrailles, fonte brute en massiaux et en sapots, vieille fonte cassée et mitraille (1), projectiles.............................. | 6.e serie du tarif général. |

(1) La vieille fonte cassée et la mitraille expédiées vers le Nord par wagon complet d'au moins 5,000 kilog., de la gare de La Chapelle, ou des gares intermédiaires comprises entre La Chapelle et le Nord, seront taxées au prix de 10 fr. toutes les fois que le prix de la 6.e série sera plus élevé. Ce prix de 10 fr. comprend les frais de gare au départ et à l'arrivée.

Le chargement et le déchargement seront faits par les expéditeurs et les destinataires; dans le cas où l'une de ces opérations serait faite par la Compagnie, elle lui serait payée 30 centimes par 1,000 kilog.

# CONDITIONS.

Les prix du présent tarif ne sont applicables qu'aux expéditions d'au moins 5,000 kilogrammes.

Les expéditions inférieures à 5,000 kilog. restent soumises aux prix et conditions du tarif général, à moins que l'expéditeur n'ait avantage à payer une taxe calculée sur 5,000 kilog., aux prix du présent tarif spécial.

La Compagnie se réserve la faculté de prolonger, à sa volonté, de cinq jours au-delà des délais réglementaires pour les transports à petite vitesse, la durée des transports faisant l'objet de ce tarif.

Les expéditeurs seront tenus, d'ailleurs, de se conformer exactement à tous les règlements et ordres de service de la Compagnie, ainsi qu'à celles des conditions du tarif général qui ne se trouvent pas modifiées par le présent tarif.

La Compagnie ne répond pas des avaries et déchets de route, ni de la rouille des objets non emballés.

## AVIS IMPORTANT.

Les prix du présent tarif ne seront appliqués qu'autant que l'expéditeur en aura fait la demande expresse sur sa déclaration. A défaut de cette demande préalable, l'expédition sera taxée de droit aux prix et conditions du tarif général.

# Tarif spécial P. V. — N.° 5.

## CHEVAUX ET BESTIAUX

Par wagon complet.

| DÉSIGNATION DES ANIMAUX. | PRIX DE GARE EN GARE. |
| --- | --- |
| Chevaux, poulains, mulets, bœufs, vaches, taureaux, génisses, veaux, porcs..... | **50 centimes** par kilomètre et par wagon. |
| Moutons et chèvres.... .... ......... | **35 centimes** par kilomètre et par wagon à un plancher.<br>**50 centimes** par kilom. et par wagon à deux planchers. |

Néanmoins, les expéditions par wagon complet des chevaux, poulains, mulets, bœufs, vaches, taureaux, génisses, veaux et porcs, d'une station comprise entre La Chapelle-Saint-Denis et Creil inclusivement, pour une distance de cent kilomètres et au-delà, seront taxées à raison de **35 cent.** par kilomètre et par wagon; les prix pour les parcours de 70 à 100 kilomètres seront les mêmes que pour 100 kilomètres.

Les expéditions de chevaux et de bestiaux inférieures à un chargement complet de wagon seront taxées, au choix des expéditeurs, ou au prix du présent tarif spécial, comme wagon complet, ou au prix du tarif général, d'après le nombre de têtes d'animaux transportés.

Nota. Les taxes seront calculées sur les distances d'application des tarifs généraux de petite vitesse.

## CONDITIONS.

Les expéditeurs sont tenus de prévenir vingt-quatre heures à l'avancé les gares de départ, du nombre et de la nature des animaux qu'ils ont à faire transporter.

Il leur sera loisible de charger, dans un wagon, le nombre de têtes que bon leur semblera, au-delà du nombre ci-après fixé :

5 bœufs, vaches, taureaux, chevaux, mulets.
14 veaux ou porcs.
25 moutons, brebis, agneaux et chèvres.

Mais la Compagnie sera affranchie de toute responsabilité, pour les risques et périls qui pourraient résulter, en cours de transport, de cet excédant de chargement.

Le chargement des animaux dans les wagons et le déchargement à l'arrivée, auront lieu par les soins et sous l'entière responsabilité des expéditeurs, qui doivent également donner à leurs bestiaux, pendant le cours du transport, les soins nécessaires pour assurer leur conservation.

Les expéditeurs ou leurs agents seront admis, à cet effet, à voyager dans les mêmes trains que leurs animaux, jusqu'à concurrence d'une personne pour deux wagons chargés d'animaux de grande ou de moyenne taille, et, en ce qui concerne les moutons et chèvres, jusqu'à concurrence d'une personne pour deux wagons à 2 planchers ou quatre wagons à 1 plancher. En conséquence, des places en nombre suffisant seront mises gratuitement, mais à l'aller seulement, à la disposition des expéditeurs ou de leurs agents, dans une voiture de 3e classe ajoutée au train de bestiaux, ou à défaut dans le fourgon du conducteur du train.

En cas d'absence, à l'arrivée, de l'expéditeur ou de son représentant, il sera pourvu d'office au déchargement des wagons, et les animaux seront mis en fourrière aux frais de qui de droit.

Les frais de déchargement et de conduite à l'écurie sont, dans ce cas, calculés à raison de :

30 centimes par tête de cheval, poulain, mulet, bœuf, vache, taureau, génisse.
20 centimes par tête de veau ou porc.
10 centimes par tête de mouton ou chèvre.

En cas de retard dans l'arrivée de ses trains, la Compagnie n'est responsable du préjudice éprouvé par les expéditeurs que jusqu'à concurrence de tout ou partie du montant du prix de transport ; les retenues seront calculées de la manière ci-après :

La Compagnie abandonnera le tiers du prix de transport, lorsque le train arrivera en gare avec un retard de trois heures et demie.

Si le retard est de quatre heures et demie, l'indemnité sera des deux tiers du prix de transport.

Si le retard excède cinq heures et demie, l'indemnité sera de la totalité du prix de transport.

Néanmoins les droits des expéditeurs sont réservés et ils pourront exercer tout recours contre la Compagnie dans le cas où le retard dans l'arrivée du train excéderait vingt-quatre heures.

Les transports faisant l'objet du présent tarif seront effectués dans des wagons ordinaires à bestiaux. Les expéditeurs de chevaux ne pourront exiger des wagons-écuries à compartiments pour le transport par petite vitesse, ce matériel devant rester affecté au transport des chevaux par les trains de voyageurs.

## AVIS IMPORTANT.

Les prix du présent tarif ne seront appliqués qu'autant que l'expéditeur en aura fait la demande expresse sur sa déclaration. A défaut de cette demande préalable, l'expédition sera taxée de droit aux prix et conditions du tarif général.

# Tarif spécial P. V. — N.° 6.

## LAIT

Par wagon complet d'au moins 5,000 kilogrammes.

| DES STATIONS ci-après en destination de **Paris**. | Distances | PRIX par 1,000 kilog. | | DES STATIONS ci-après en destination de **Paris**. | Distances | PRIX par 1,000 kilog. | |
|---|---|---|---|---|---|---|---|
| Pontoise | 29 | 7 | » | Mouy | 66 | 11 | » |
| Auvers | 34 | 8 | » | Hermes | 74 | 12 | » |
| Ile-Adam | 40 | 9 | 50 | Beauvais | 88 | 14 | » |
| Beaumont | 47 | 9 | 50 | Pont-Sainte-Maxence | 62 | 13 | » |
| Boran | 53 | 10 | » | Verberie | 72 | 14 | » |
| Précy | 58 | 10 | » | Liancourt | 58 | 12 | » |
| Saint-Leu | 57 | 10 | » | Clermont | 66 | 12 | » |
| Creil | 51 | 10 | » | Saint-Just | 80 | 14 | » |
| Cires-les-Mello | 60 | 11 | » | Ailly-sur-Noye | 111 | 16 | » |

Les prix ci-dessus comprennent les frais de gare, de chargement et de déchargement.

Les expéditions *de* ou *pour* une station intermédiaire jouiront du bénéfice du présent tarif spécial, en payant les prix indiqués ci-dessus, pour la distance entière, depuis la dernière station dénommée, située avant le lieu de départ si la taxe, ainsi calculée, est plus avantageuse pour les expéditeurs que celle du tarif général.

## CONDITIONS.

Les prix du présent tarif ne sont applicables qu'aux expéditions d'au moins 5,000 kilogrammes.

Les expéditions seront effectuées par un train régulièrement affecté aux transports de lait, qui arrivera à la gare de Paris vers deux heures du matin. Le lait destiné à être expédié par ce train devra être déposé à la gare de départ une heure avant son passage.

En cas de retard dans l'arrivée du train à Paris, non justifié par un cas de force majeure, accident, neige ou verglas, la Compagnie n'est responsable du préjudice éprouvé par les expéditeurs ou les destinataires, que jusqu'à concurrence du prix de transport, et les retenues seront calculées de la manière ci-après :

Il sera fait une réduction du tiers sur le prix de transport pour un retard de plus d'une heure ; des deux tiers pour un retard de plus de deux heures, et la Compagnie abandonnera la totalité de son prix de transport, pour un retard de plus de trois heures d'après l'heure d'arrivée réglementaire.

Néanmoins, les droits des expéditeurs sont réservés et ils pourront exercer tous recours contre la Compagnie, dans le cas où le retard dans l'arrivée du train excèderait douze heures.

Les poteries ayant contenu le lait seront transportées gratuitement au retour.

Tout wagon d'un chargement inférieur à 5,000 kilogrammes sera taxé, au choix de l'expéditeur, au prix de ce tarif calculé sur un poids minimum de 5,000 kilogrammes, ou au prix du tarif ordinaire calculé sur le poids réel de l'expédition ; mais dans ce dernier cas, le retour des pots vides sera payé.

Les expditeurs seront tenus, d'ailleurs, de se conformer exactement à tous les règlements et ordres de service de la Compagnie, ainsi qu'à celles des conditions du tarif général qui ne se trouvent pas modifiées par le présent tarif.

## AVIS IMPORTANT.

Les prix du présent tarif ne seront appliqués qu'autant que l'expéditeur en aura fait la demande expresse sur sa déclaration. A défaut de cette demande préalable, l'expédition sera taxée de droit aux prix et conditions du tarif général.

# Tarif spécial P. V. — N.° 7.

## PIERRES DE TAILLE BRUTES,

### MOELLONS, PIERRES A PLATRE, PLATRE A BATIR,

Par wagon complet d'au moins 5,000 kilogrammes.

### PRIX DE GARE EN GARE :

**§ 1. — 6.e Série du Tarif général.**

§ **2.** Les expéditions pour le Nord, faites des gares de **La Chapelle**, de **Beauvais**, de **Creil**, de **Compiègne**, de **Noyon** et des gares intermédiaires entre ces divers points et le Nord, seront taxées de la manière suivante, lorsque le prix de la 6.e série du tarif général sera supérieur, savoir :

| | | | | | |
|---|---|---|---|---|---|
| Pierres de taille. . . . . . . . | prix maximum. | 10 fr. | » c. | par tonne. | non compris les frais de manutention. |
| Moëllons, pierres à plâtre, plâtre à bâtir. | id. | 6 | 60 | id. | |

Les frais de manutention sont comptés de la manière suivante :

Les frais de gare, soit 20 c. par tonne au départ et 20 c. à l'arrivée, sont perçus, dans tous les cas, conformément au tarif général.

Si le chargement ou le déchargement est fait par les agents de la Compagnie, il est perçu en sus des frais de gare, 30 c. par tonne pour chaque opération.

Si, pour le chargement ou le déchargement des pierres, les expéditeurs ou les destinataires emploient les engins de la Compagnie, il sera perçu, en sus des frais de gare, 15 c. par tonne pour chaque opération.

## CONDITIONS.

Les prix du présent tarif ne sont applicables qu'aux expéditions de 5,000 kilogrammes au moins.

Tout wagon chargé de moins de 5,000 kilog. sera taxé, au choix de l'expéditeur, ou au prix du présent tarif spécial calculé sur le poids minimum de 5,000 kilog., ou au prix du tarif ordinaire calculé sur le poids réel de l'expédition.

Les expéditeurs seront tenus d'ailleurs de se conformer exactement à tous les règlements et ordres de service de la Compagnie, ainsi qu'à celles des conditions du tarif général, qui ne se trouvent pas modifiées par le présent tarif.

La Compagnie se réserve le droit de prolonger, à sa volonté, de cinq jours au-delà des délais règlementaires pour le transport des marchandises à petite vitesse, la durée des transports faisant l'objet de ce tarif.

Elle sera exonérée de toute responsabilité pour les avaries et déchets de route.

Les prix de transport indiqués ci-dessus seront augmentés de cinquante pour cent pour les pierres pesant de 5,000 à 10,000 kilog.

Le chargement et le déchargement des pierres pesant plus de 3,000 kilog. seront faits sous la surveillance et la direction de l'expéditeur et du destinataire, et à leurs frais, risques et périls.

## AVIS IMPORTANT.

Les prix du présent tarif ne seront appliqués qu'autant que l'expéditeur en aura fait la demande expresse sur sa déclaration. A défaut de cette demande préalable, l'expédition sera taxée de droit aux prix et conditions du tarif général.

# Tarif spécial P. V. — N.° 8.

## VERRES A VITRES EN CAISSES

### ET BOUTEILLES VIDES EN CADRES OU EN HARASSES,

### Cloches pour jardins et bouteilles vides en vrac,

Par wagon complet d'au moins 5,000 kilogrammes.

*PRIX DE GARE EN GARE :*

§ I. — 6e série du Tarif général.

§ II. — Le prix maximum de 12 francs par tonne sera appliqué aux expéditions par wagon complet d'au moins 5,000 kilogrammes de bouteilles vides, toutes les fois que le prix de la 6.e série sera plus élevé.

Le prix de 12 fr. comprend les frais de gare au départ et à l'arrivée. Le chargement et le déchargement seront faits par les expéditeurs et les destinataires. Dans le cas où l'une de ces opérations serait faite par la Compagnie, elle lui serait payée 0.30 cent. par 1,000 kilog.

## CONDITIONS.

Les prix du présent tarif ne sont applicables qu'aux expéditions d'au moins 5,000 kilogrammes.

Les expéditions inférieures à ce poids restent soumises aux prix et conditions du tarif général, à moins qu'il n'y ait avantage pour l'expéditeur à payer une taxe calculée sur 5,000 kilog., au prix du présent tarif spécial.

Les expéditeurs seront tenus d'ailleurs de se conformer exactement à tous les règlements et ordres de service de la Compagnie, ainsi qu'à celles des conditions du tarif général qui ne se trouvent pas modifiées par le présent tarif.

La Compagnie sera exonérée de toute responsabilité pour les avaries et déchets de route, et elle se réserve le droit de prolonger, à sa volonté, de cinq jours au-delà des délais réglementaires pour le transport des marchandises à petite vitesse, la durée des transports faisant l'objet de ce tarif.

### AVIS IMPORTANT.

Les prix du présent tarif ne seront appliqués qu'autant que l'expéditeur en aura fait la demande expresse sur sa déclaration. A défaut de cette demande préalable, l'expédition sera taxée de droit aux prix et conditions du tarif général.

# Tarif spécial. P. V. — N.° 9.

## BOIS DE CHARPENTE,

### CHEVRONS, MADRIERS, PERCHES & PLANCHES, ETC.,

dont la longueur excède 6m 50.

*PRIX DE GARE EN GARE :*

**5.e SÉRIE DES TARIFS GÉNÉRAUX.**

## CONDITIONS.

La taxe sera établie sur le poids réel de l'expédition, avec un minimum de 5,000 kil. par chaque wagon chargé, et de 2,500 kilog. par chaque wagon non chargé dont l'adjonction au train sera nécessitée par la longueur des pièces.

Les prix seront augmentés de 50 pour 100 pour les pièces pesant de 3,000 à 5,000 kil.; l'augmentation de prix sera de 100 pour 100 pour les pièces pesant de 5,000 à 10,000 kil., conformément au tarif général.

Cette augmentation ne portera que sur le poids réel de l'expédition.

Le chargement et le déchargement des pièces pesant plus de 5,000 kilogrammes, seront faits sous la surveillance et la direction de l'expéditeur et du destinataire, et à leurs frais, risques et périls.

La Compagnie pourra refuser les arbres dont la conformation serait de nature à gêner ou à compromettre son service, et elle se réserve dans tous les cas le droit de prolonger, à sa volonté, de cinq jours au-delà des délais réglementaires pour le transport des marchandises à petite vitesse, la durée des transports faisant l'objet de ce tarif.

Les expéditeurs seront d'ailleurs tenus de se conformer exactement à tous les règlements et ordres de service de la Compagnie, ainsi qu'à celles des conditions ordinaires des tarifs généraux, qui ne se trouvent pas modifiées par le présent tarif.

# Tarif spécial P. V. — N.° 10.

## MINERAI DE FER,

Par wagon complet de 10,000 kilogrammes.

PRIX PAR 1,000 KILOGRAMMES, DE GARE EN GARE.

| STATIONS DE DÉPART. | STATIONS DE DESTINATION. | DISTANCES. | PRIX. |
|---|---|---|---|
| **Erquelines** | Maubeuge | 12 | 1 » |
| | Hautmont | 17 | 1 » |
| | Aulnoye | 25 | 1 50 |
| | Landrecies | 39 | 2 40 |
| | Vitry | 133 | 6 65 |
| **Dunkerque** | Somain | 131 | 4 » |
| | Valenciennes | 151 | 4 60 |
| | Landrecies | 202 | 6 10 |
| | Aulnoye | 217 | 6 50 |
| | Hautmont | 225 | 6 80 |
| | Maubeuge | 229 | 6 90 |
| **Calais** | Somain | 152 | 4 60 |
| | Valenciennes | 173 | 5 20 |
| | Landrecies | 224 | 6 70 |
| | Aulnoye | 238 | 7 20 |
| | Hautmont | 246 | 7 40 |
| | Maubeuge | 251 | 7 50 |
| **Boulogne** | Creil | 204 | 7 05 |
| | Somain | 229 | 6 » |
| | Valenciennes | 249 | 6 50 |
| | Landrecies | 300 | 8 30 |
| | Aulnoye | 315 | 8 30 |
| | Hautmont | 323 | 8 50 |
| | Maubeuge | 327 | 8 50 |

Les prix ci-dessus comprennent les frais de gare au départ et à l'arrivée. Le chargement ou le déchargement seront faits par les expéditeurs et les destinataires. Dans le cas où l'une de ces opérations serait faite par les Compagnies, elle lui serait payée 0.30 cent. par 1,000 kilog.

Nota. — Les expéditions de ou pour une station non dénommée ci-dessus, comprise entre deux stations dénommées, jouiront du bénéfice du présent tarif spécial, en payant, pour la distance entière, depuis la dernière station dénommée située avant le lieu de départ, jusqu'à la première station dénommée située après le lieu de destination, si la taxe ainsi calculée est plus avantageuse pour les expéditeurs que celle du tarif général.

## CONDITIONS.

Ce tarif n'est applicable qu'aux expéditions faites par wagon chargé de 10,000 kilogrammes. Le poids excédant 10,000 kilogrammes sera taxé au prix de la quatrième série du tarif général.

Les expéditions qui ne sont pas effectuées par wagon complet d'au moins 10,000 kilogrammes, sont soumises aux tarifs généraux de la Compagnie, à moins que l'expéditeur ne réclame l'application de ce tarif spécial, en payant une taxe calculée sur un poids minimum de 10,000 kilogrammes.

La Compagnie ne répond pas des déchets de route.

La Compagnie se réserve le droit de dépasser, de quinze jours au maximum, les délais ordinaires de transport, sans être passible d'aucune retenue ou indemnité pour retard dans la livraison de la marchandise.

Les expéditeurs seront tenus, d'ailleurs, de se conformer exactement à tous les règlements et ordres de service de la Compagnie, ainsi qu'à celles des conditions du tarif général qui ne se trouvent pas modifiées par le présent tarif.

## AVIS IMPORTANT.

Les prix du présent tarif ne seront appliqués qu'autant que l'expéditeur en aura fait la demande expresse sur sa déclaration. A défaut de cette demande préalable, l'expédition sera taxée de droit aux prix et conditions du tarif général.

# Tarif spécial P. V. — N.° 11.

## HOUILLE ET COKE

Par wagon complet de 10,000 kilog.

### CONDITIONS DU PRÉSENT TARIF.

I. — Les transports doivent être faits par wagons chargés de 10,000 kilogrammes, avec une tolérance de 100 kilogrammes. Si le chargement dépasse 10,100 kilogrammes, le poids excédant 10,000 kilogrammes sera taxé au tarif homologué de la 4ᵉ série.

II. — Les frais de chargement et de déchargement ne sont pas compris au tarif. Dans le cas où l'une de ces opérations devrait être faite par la Compagnie, il lui serait payé 0,30 c. par 1,000 kil.

III. — Les wagons doivent être déchargés au plus tard vingt-quatre heures après la réception de l'avis qui sera donné par la Compagnie au destinataire, et à l'expiration de ce délai, il sera perçu 0 fr. 25 c. par heure de retard et par wagon. Pour l'exécution de cette clause, tout destinataire qui n'aura pas son domicile dans la localité adjacente à la station, sera tenu d'y désigner un représentant pour recevoir les avis de la Compagnie ; à défaut par lui de le faire, le délai de vingt-quatre heures courra à partir de l'instant où la lettre d'avis aura été déposée au bureau de poste de la localité. Passé ce délai il est perçu pour chômage forcé du matériel un droit de 0 fr. 25 c. par heure de retard et par wagon ; étant d'ailleurs loisible à la Compagnie, passé ce même délai, de faire faire le déchargement par ses agents, en percevant les frais indiqués ci-dessus pour cette opération. Le combustible ainsi déchargé sera soumis à dater de la mise à terre, à un droit de magasinage de 10 c. par tonne et par jour.

IV. — Dans toutes les gares où il y aura des emplacements suffisants pour y déposer la houille et le coke, la Compagnie rentrera dans son droit de décharger les wagons. Néanmoins le destinataire aura toujours le droit de décharger lui-même ses wagons, en prenant l'engagement d'effectuer cette opération dans les six heures de l'arrivée du wagon en gare. Si le destinataire n'est pas en gare, ou s'il n'a pas déchargé le wagon dans les délais, la Compagnie fera décharger le wagon par ses agents, en percevant le droit ci-dessus fixé de 0 fr. 30 c. par 1,000 kilogrammes, et sans responsabilité pour le bris du combustible. Le charbon mis à terre paiera, après un séjour franc de trente-six heures, un droit de magasinage de 0 fr. 10 c. par 1,000 kilog. et par jour. Ce régime est appliqué à la gare de La Chapelle. — Les gares auxquelles il sera étendu seront ultérieurement désignées, en prévenant le public un mois au moins à l'avance.

V. — Ce tarif spécial est fait à la condition formelle que le délai ordinaire pour l'expédition et le transport des marchandises pourra être dépassé de 15 jours, sans que, pour ce surcroît de délai, la Compagnie soit soumise à aucune indemnité.

VI. — La houille et le coke qui seront expédiés en wagon de moins de 10,000 kilogrammes seront taxés aux prix de la 4^e^ série des tarifs généraux de la Compagnie, à moins que l'expéditeur n'ait avantage à payer, d'après le présent tarif spécial, une taxe calculée sur un poids mininum de 10,000 kilog. Seront également taxés au prix de la 4^e^ série des tarifs généraux, les transports qui doivent être effectués avec l'obligation d'expédier de suite et de rendre dans les délais ordinaires de la marchandise.

## TARIF DU TRANSPORT DE LA HOUILLE ET DU COKE.

### DÉPART DE MOUSCRON (Frontière belge).

| DESTINATIONS. | DISTANCES | PRIX par 1,000 kilog. | DESTINATIONS. | DISTANCES | PRIX par 1,000 kilog. |
|---|---|---|---|---|---|
| Tourcoing | 6 | » f. 60 | Arnèke | 78 | 4 f. 50 |
| Roubaix | 8 | » 60 | Esquelbecq | 85 | 4 70 |
| Lille | 18 | 1 10 | Bergues | 94 | 5 » |
| Pérenchies | 28 | 1 70 | Dunkerque | 102 | 5 30 |
| Armentières | 35 | 2 10 | Saint-Omer | 82 | 4 70 |
| Steenwerck | 43 | 2 60 | Watten | 90 | 4 90 |
| Bailleul | 47 | 2 80 | Audruicq | 102 | 5 30 |
| Strazeele | 55 | 3 30 | Ardres | 110 | 5 50 |
| Hazebrouck | 61 | 3 70 | St.-Pierre-lez-Calais | 121 | 5 80 |
| Cassel | 71 | 4 30 | Calais | 123 | 5 90 |

# TARIF DU TRANSPORT DE LA HOUILLE ET DU COKE.

| DESTINATIONS. | De QUIÉVRAIN. | | De VALENCIENNES. | | De RAISMES. | | De LOURCHES. | | De SOMAIN. | | De LE FOREST. | | De DOUAI. | | De ARRAS. | | De BOULOGNE. | | De St.-VALERY. | | De DUNKERQUE. | | De CALAIS. | | De ERQUELINES. | | De HAUTMONT. | |
|---|---|---|---|---|---|---|---|---|---|---|---|---|---|---|---|---|---|---|---|---|---|---|---|---|---|---|---|---|
| | Distances. | Prix par 1,000 kilog. | Distances. | Prix par 1,000 kilog. | Distances. | Prix par 1,000 kilog. | Distances. | Prix par 1,000 kilog. | Distances. | Prix par 1,000 kilog. | Distances. | Prix par 1,000 kilog. | Distances. | Prix par 1,000 kilog. | Distances. | Prix par 1,000 kilog. | Distances. | Prix par 1,000 kilog. | Distances. | Prix par 1,000 kilog. | Distances. | Prix par 1,000 kilog. | Distances. | Prix par 1,000 kilog. | Distances. | Prix par 1,000 kilog. | Distances. | Prix par 1,000 kilog. |
| | | fr. c. | | fr. c. | | fr. c. | | fr. c. | | fr. c. | | fr. c. | | fr. c. | | fr. c. | | fr. c. | | fr. c. | | fr. c. | | fr. c. | | fr. c. | | fr. c. |
| **Paris** (La Ch.) | 262 | 10 » | 249 | 9 70 | 243 | 9 5 | 222 | 8 9 | 228 | 9 » | 223 | 8 90 | 216 | 8 70 | 190 | 7 9 | 252 | 9 70 | 193 | 8 » | 332 | 12 10 | 353 | 12 70 | 259 | 9 40 | 223 | 8 90 |
| Saint-Denis | 258 | 9 90 | 244 | 9 50 | 239 | 9 40 | 218 | 8 70 | 224 | 8 90 | 219 | 8 80 | 212 | 8 60 | 186 | 7 80 | 248 | 9 60 | 189 | 7 90 | 327 | 12 » | 349 | 12 70 | 234 | 9 2 | 218 | 8 70 |
| Epinay | 255 | » | 241 | » | 236 | » | 215 | » | 221 | » | 216 | » | 209 | » | 183 | » | 245 | » | 186 | » | 324 | » | 346 | » | 231 | » | 215 | » |
| Enghien | 263 | 10 10 | 249 | 9 70 | 244 | 9 50 | 223 | 8 90 | 229 | 9 10 | 224 | 8 90 | 217 | 8 70 | 191 | 7 90 | 253 | 9 80 | 194 | 8 » | 332 | 12 2 | 354 | 12 80 | 240 | 9 40 | 223 | 8 90 |
| Ermont | 266 | 10 10 | 253 | 9 70 | 247 | 9 50 | 226 | 8 90 | 232 | 9 10 | 227 | 8 90 | 220 | 8 70 | 194 | 7 90 | 256 | 9 80 | 197 | 8 » | 336 | 12 20 | 357 | 12 8 | 243 | 9 50 | 226 | 8 90 |
| Franconville | 264 | » | 250 | » | 245 | » | 224 | » | 230 | » | 225 | » | 218 | » | 192 | » | 254 | » | 195 | » | 333 | » | 355 | » | 241 | » | 224 | » |
| Herblay | 260 | 10 » | 247 | 9 60 | 242 | 9 50 | 221 | 8 80 | 227 | 9 » | 222 | 8 90 | 215 | 8 60 | 189 | 7 90 | 251 | 9 70 | 192 | 8 » | 330 | 12 10 | 352 | 12 70 | 237 | 9 30 | 221 | 8 80 |
| Pontoise | 252 | 9 80 | 239 | 9 40 | 233 | 9 20 | 212 | 8 60 | 218 | 8 70 | 213 | 8 60 | 206 | 8 40 | 180 | 7 60 | 242 | 9 50 | 183 | 7 70 | 322 | 11 9 | 343 | 12 5 | 229 | 9 10 | 213 | 8 60 |
| Auvers | 247 | 9 60 | 234 | 9 20 | 228 | 9 » | 208 | 8 40 | 213 | 8 60 | 209 | 8 50 | 201 | 8 20 | 176 | 7 50 | 238 | 9 30 | 178 | 7 50 | 317 | 11 70 | 338 | 12 30 | 224 | 8 90 | 208 | 8 40 |
| Ile-Adam | 241 | 9 40 | 228 | 9 » | 223 | 8 90 | 202 | 8 30 | 208 | 8 40 | 203 | 8 30 | 196 | 8 10 | 170 | 7 3 | 232 | 9 20 | 172 | 7 40 | 311 | 11 5 | 333 | 12 2 | 218 | 8 70 | 202 | 8 30 |
| Beaumont | 235 | 9 20 | 221 | 8 80 | 216 | 8 70 | 195 | 8 » | 201 | 8 20 | 196 | 8 10 | 189 | 7 90 | 163 | 7 1 | 225 | 8 90 | 166 | 7 20 | 305 | 11 30 | 326 | 12 » | 212 | 8 50 | 195 | 8 » |
| Boran | 228 | 9 » | 215 | 8 60 | 209 | 8 50 | 188 | 7 80 | 194 | 8 » | 189 | 7 90 | 182 | 7 70 | 156 | 6 90 | 218 | 8 70 | 159 | 7 » | 298 | 11 10 | 319 | 11 80 | 205 | 8 3 | 189 | 7 90 |
| Précy | 224 | » | 210 | » | 205 | » | 184 | » | 190 | » | 185 | » | 170 | » | 152 | » | 214 | » | 155 | » | 293 | » | 315 | » | 200 | » | 184 | » |
| Saint-Leu | 220 | 8 50 | 207 | 8 30 | 201 | 8 10 | 181 | 7 60 | 186 | 7 70 | 182 | 7 50 | 174 | 7 20 | 149 | 6 70 | 211 | 8 40 | 151 | 6 70 | 290 | 10 80 | 311 | 11 30 | 197 | 8 10 | 181 | 7 60 |
| Stains-Pierrefitte | 254 | 9 80 | 240 | 9 40 | 235 | 9 20 | 214 | 8 60 | 220 | 8 8 | 215 | 8 60 | 208 | 8 40 | 182 | 7 7 | 244 | 9 50 | 185 | 7 70 | 323 | 11 90 | 345 | 12 50 | 231 | 9 10 | 214 | 8 60 |
| Villiers-le-B. (G) | 249 | 9 70 | 235 | 9 30 | 230 | 9 10 | 209 | 8 50 | 215 | 8 60 | 210 | 8 50 | 203 | 8 30 | 177 | 7 50 | 239 | 9 40 | 180 | 7 60 | 319 | 11 8 | 340 | 12 40 | 226 | 9 » | 210 | 8 50 |
| Goussainville | 244 | 9 50 | 231 | 9 10 | 225 | 8 90 | 204 | 8 30 | 210 | 8 50 | 205 | 8 20 | 198 | 8 10 | 173 | 7 40 | 235 | 9 20 | 175 | 7 40 | 314 | 11 60 | 335 | 12 20 | 221 | 8 80 | 205 | 8 30 |
| Louvres | 240 | 9 40 | 227 | 9 » | 221 | 8 80 | 200 | 8 20 | 205 | 8 40 | 201 | 8 20 | 194 | 8 » | 168 | 7 20 | 231 | 9 10 | 171 | 7 30 | 310 | 11 50 | 331 | 12 10 | 217 | 8 70 | 201 | 8 20 |
| Luzarches-Surv. | 234 | 9 20 | 221 | 8 80 | 214 | 8 60 | 19. | 8 » | 200 | 8 20 | 195 | 8 » | 188 | 7 80 | 162 | 7 1 | 224 | 8 9 | 165 | 7 10 | 304 | 11 30 | 327 | 11 90 | 211 | 8 50 | 195 | 8 » |
| Orry-la-Ville | 229 | 9 10 | 215 | 8 60 | 210 | 8 50 | 189 | 7 90 | 195 | 8 » | 190 | 7 90 | 183 | 7 70 | 157 | 6 90 | 219 | 8 80 | 160 | 7 » | 298 | 11 10 | 320 | 11 80 | 206 | 8 40 | 189 | 7 90 |
| Chantilly | 223 | 8 90 | 209 | 8 50 | 204 | 8 30 | 183 | 7 70 | 189 | 7 90 | 184 | 7 70 | 177 | 7 50 | 151 | 6 70 | | | 154 | 6 80 | 293 | 11 » | 314 | 11 60 | 200 | 8 20 | 183 | 7 70 |
| **Creil** | 213 | 7 80 | 209 | 7 60 | 195 | 7 40 | 174 | 6 90 | 180 | 7 » | 175 | 6 80 | 168 | 6 60 | 42 | 5 9 | 204 | 7 70 | 145 | 6 50 | 283 | 10 10 | 307 | 10 7 | 190 | 7 40 | 174 | 6 90 |
| Cires-les-Mello | 223 | 8 70 | 210 | 8 50 | 204 | 8 30 | 183 | 7 70 | 189 | 7 90 | 184 | 7 70 | 177 | 7 50 | 151 | 6 70 | 213 | 8 60 | 154 | 6 80 | 293 | 11 » | 314 | 11 60 | 199 | 8 20 | 183 | 7 70 |
| Mouy | 229 | 9 10 | 216 | 8 70 | 210 | 8 50 | 190 | 7 90 | 195 | 8 » | 190 | 7 9 | 183 | 7 7 | 158 | 6 90 | 220 | 8 80 | 160 | 7 » | 299 | 11 20 | 32. | 11 8 | 206 | 8 40 | 196 | 7 90 |
| Heilles | 234 | » | 220 | » | 215 | » | 194 | » | 200 | » | 195 | » | 188 | » | 162 | » | 224 | » | 165 | » | 303 | » | 325 | » | 211 | » | 194 | » |
| Hermes | 237 | 9 30 | 223 | 8 90 | 218 | 8 70 | 196 | 8 10 | 203 | 8 30 | 198 | 8 10 | 191 | 7 90 | 165 | 7 10 | 227 | 9 » | 168 | 7 20 | 306 | 11 4 | 328 | 12 » | 213 | 8 60 | 197 | 8 10 |
| Rochy-Condé | 244 | » | 230 | » | 225 | » | 204 | » | 210 | » | 205 | » | 198 | » | 172 | » | 234 | » | 175 | » | 313 | » | 335 | » | 220 | » | 204 | » |
| **Beauvais** | 251 | 9 70 | 237 | 9 30 | 232 | 9 20 | 211 | 8 50 | 217 | 8 70 | 212 | 8 60 | 205 | 8 3 | 179 | 7 60 | 241 | 9 40 | 182 | 7 70 | 320 | 11 8 | 342 | 12 5 | 227 | 9 » | 211 | 8 50 |
| Pont-Ste.-Max. | 204 | 8 30 | 190 | 7 90 | 185 | 7 40 | 162 | 6 90 | 170 | 7 » | 196 | 7 80 | 179 | 60 | 153 | 6 8 | 215 | 8 60 | 156 | 6 90 | 295 | 11 » | 316 | 11 6 | 179 | 7 4 | 162 | 6 90 |
| Verberie | 194 | 8 » | 181 | 7 60 | 175 | 7 4 | 153 | 6 80 | 160 | 7 » | 182 | 7 70 | 175 | 7 40 | 163 | 7 10 | 225 | 8 9 | 16 | 7 2 | 301 | 11 » | 312 | 11 60 | 169 | 7 30 | 153 | 6 80 |
| Compiègne | 182 | 7 70 | 169 | 7 30 | 163 | 7 10 | 140 | 6 40 | 148 | 6 60 | 170 | 7 30 | 163 | 7 10 | 175 | 7 40 | 217 | 9 30 | 178 | 7 50 | 278 | 10 50 | 300 | 11 1 | 157 | 6 90 | 141 | 6 40 |
| Thourotte | 174 | 7 40 | 160 | 7 » | 155 | 6 80 | 132 | 6 20 | 140 | 6 40 | 162 | 7 10 | 155 | 6 80 | 178 | 7 50 | 245 | 9 50 | 186 | 7 80 | 270 | 10 30 | 292 | 10 90 | 149 | 6 70 | 133 | 6 20 |
| Ribécourt | 169 | 7 30 | 155 | 6 8 | 150 | 6 70 | 127 | 6 » | 135 | 6 20 | 157 | 6 90 | 150 | 6 70 | 73 | 7 40 | 250 | 9 7 | 191 | 7 90 | 265 | 10 10 | 287 | 10 70 | 144 | 6 50 | 128 | 6 » |
| Ourscamps | 165 | 7 10 | 151 | 6 70 | 146 | 6 60 | 123 | 5 9 | 131 | 6 10 | 153 | 6 80 | 145 | 6 60 | 169 | 7 3 | 254 | 9 8 | 195 | 8 » | 261 | 10 » | 283 | 10 6 | 140 | 6 40 | 124 | 5 90 |
| Noyon | 158 | 6 90 | 145 | 6 50 | 139 | 6 40 | 117 | 5 70 | 125 | 5 9 | 146 | 6 60 | 139 | 6 40 | 162 | 7 1 | 261 | 10 » | 201 | 8 2 | 255 | 9 80 | 275 | 10 4 | 134 | 6 2 | 117 | 5 70 |
| Appilly | 150 | » | 137 | » | 131 | » | 109 | » | 116 | » | 138 | » | 131 | » | 154 | » | 269 | » | 210 | » | 247 | » | 268 | » | 125 | » | 109 | » |
| Chauny | 142 | 6 50 | 129 | 6 10 | 123 | 5 90 | 101 | 5 20 | 108 | 5 40 | 130 | 6 10 | 123 | 5 90 | 146 | 6 60 | 277 | 10 50 | 218 | 8 70 | 239 | 9 40 | 260 | 10 » | 117 | 5 70 | 101 | 5 20 |
| Tergnier | 135 | 6 40 | 122 | 5 90 | 116 | 5 70 | 93 | 5 » | 101 | 5 20 | 123 | 5 90 | 116 | 5 70 | 139 | 6 40 | 284 | 10 70 | 225 | 8 70 | 231 | 9 10 | 253 | 9 70 | 110 | 5 50 | 94 | 5 » |
| La Fère | 141 | 6 40 | 128 | 6 » | 122 | 5 90 | 100 | 5 » | 107 | 5 30 | 129 | 6 10 | 122 | 5 90 | 145 | 6 50 | 289 | 10 70 | 231 | 8 80 | 237 | 9 30 | 259 | 9 90 | 116 | 5 50 | 100 | 5 » |
| Crépy | 153 | 6 60 | 140 | 6 10 | 134 | 5 90 | 112 | 5 » | 119 | 5 30 | 141 | 6 2 | 134 | 5 90 | 157 | 6 80 | 301 | 10 70 | 242 | 8 90 | 259 | 9 70 | 271 | 10 30 | 128 | 5 50 | 112 | 5 » |
| **Laon** | 163 | 6 60 | 150 | 6 10 | 144 | 5 90 | 122 | 5 » | 129 | 5 30 | 151 | 6 20 | 144 | 5 90 | 167 | 6 80 | 311 | 10 70 | 252 | 8 90 | 259 | 10 » | 281 | 10 60 | 136 | 5 50 | 122 | 5 » |
| Montescourt | 125 | 5 90 | 111 | 5 5 | 106 | 5 40 | 83 | 4 70 | 91 | 4 90 | 113 | 5 60 | 105 | 5 30 | 129 | 6 10 | 294 | 10 80 | 235 | 9 » | 221 | 8 80 | 242 | 9 40 | 100 | 5 20 | 83 | 4 70 |
| **St-Quentin** | 112 | 5 60 | 99 | 5 20 | 93 | 5 » | 71 | 4 30 | 79 | 4 6 | 100 | 5 20 | 93 | 5 » | 116 | 5 70 | 307 | 10 80 | 147 | 9 30 | 209 | 8 5 | 230 | 9 10 | 88 | 4 80 | 71 | 4 30 |
| Essigny-le-Petit | 103 | 5 30 | 90 | 4 9 | 84 | 4 7 | 62 | 3 70 | 69 | 4 10 | 91 | 4 90 | 84 | 4 70 | 107 | 5 4 | 298 | 10 80 | 238 | 9 30 | 200 | 8 20 | 221 | 8 6 | 78 | 4 50 | 62 | 3 70 |
| Fresnoy-le-Grand | 95 | 5 » | 82 | 4 70 | 76 | 4 5 | 54 | 3 20 | 62 | 3 70 | 83 | 4 7 | 76 | 4 5 | 99 | 5 20 | 290 | 10 80 | 231 | 9 10 | 192 | 8 » | 213 | 8 60 | 71 | 4 30 | 54 | 3 20 |
| Bohain | 91 | 4 90 | 78 | 4 50 | 72 | 4 30 | 50 | 3 » | 57 | 3 40 | 79 | 4 60 | 72 | 4 3 | 95 | 5 » | 286 | 10 80 | 226 | 9 » | 188 | 7 80 | 209 | 8 4 | 66 | 4 » | 50 | 3 » |
| Busigny | 85 | 4 40 | 72 | 3 70 | 66 | 3 40 | 44 | 2 5 | 51 | 2 50 | 73 | 3 80 | 66 | 3 40 | 89 | 4 60 | 280 | 10 30 | 220 | 8 50 | 182 | 7 4 | 203 | 8 » | 66 | 3 6 | 44 | 2 60 |
| Bertry | 79 | 4 40 | 63 | 3 70 | 60 | 3 40 | 38 | 2 50 | 45 | 2 50 | 67 | 3 80 | 60 | 3 40 | 83 | 4 60 | 273 | 10 30 | 214 | 8 50 | 176 | 7 40 | 197 | 8 » | 66 | 4 » | 50 | 3 » |
| Caudry | 75 | 4 40 | 61 | 3 70 | 56 | 3 40 | 33 | 2 » | 41 | 2 50 | 63 | 3 80 | 56 | 3 40 | 79 | 4 60 | 269 | 10 30 | 210 | 8 50 | 171 | 7 20 | 193 | 8 » | 70 | 4 20 | 54 | 3 20 |
| Cattenières | 69 | 4 10 | 55 | 3 30 | 50 | 3 » | 27 | 1 60 | 35 | 2 10 | 57 | 3 40 | 50 | 3 » | 73 | 4 40 | 263 | 10 10 | 204 | 8 30 | 165 | 7 10 | 187 | 7 80 | 76 | 4 5 | 60 | 3 60 |
| **Cambrai** | 60 | 3 60 | 46 | 2 80 | 41 | 2 50 | 18 | 1 10 | 2. | 1 60 | 48 | 2 9 | 41 | 2 5 | 64 | 3 8 | 254 | 9 60 | 195 | 8 » | 156 | 6 9 | 177 | 7 50 | 86 | 4 80 | 69 | 4 10 |
| Iwuy | 52 | 3 10 | 38 | 2 30 | 33 | 2 » | 10 | » 6 | 18 | 1 10 | 40 | 2 40 | 33 | 2 » | 56 | 3 40 | 24 | 9 2 | 187 | 7 8 | 148 | 6 60 | 170 | 7 30 | 94 | 4 90 | 77 | 4 50 |
| Bouchain | 46 | 2 80 | 32 | 1 90 | 27 | 1 60 | 4 | » 60 | 12 | » 70 | 34 | 2 » | 27 | 1 60 | 50 | 3 » | 240 | 8 90 | 181 | 7 6 | 142 | 6 50 | 164 | 7 10 | 100 | 4 90 | 83 | 4 50 |
| Lourches | 42 | 2 50 | 29 | 1 70 | 23 | 1 40 | » | » | 8 | » 60 | 30 | 1 80 | 23 | 1 40 | 46 | 2 80 | 236 | 8 70 | 177 | 7 50 | 138 | 6 30 | 150 | 7 » | 10. | 4 90 | 87 | 4 50 |
| **Le Cateau** | 94 | 4 40 | 81 | 3 70 | 75 | 3 40 | 53 | 2 50 | 61 | 2 50 | 82 | 3 8 | 75 | 3 40 | 98 | 4 60 | 289 | 10 30 | 230 | 8 5 | 191 | 7 40 | 212 | 8 » | 51 | 3 10 | 35 | 2 10 |
| Landrecies | 10. | 4 8 | 93 | 4 40 | 87 | 4 10 | 64 | 3 2 | 72 | 3 20 | 94 | 4 40 | 87 | 4 1 | 11. | 4 90 | 00 | 10 60 | 241 | 8 9 | 2.2 | 7 70 | 224 | 8 30 | 39 | 2 30 | 23 | 1 40 |
| Aulnoye | 1.0 | 5 20 | 107 | 4 80 | 102 | 4 70 | 79 | 4 10 | 87 | 4 10 | 108 | 4 9 | 101 | 4 70 | 125 | 5 40 | 15 | 11 1 | 256 | 9 30 | 217 | 8 10 | 238 | 8 80 | 2. | 1 50 | 9 | » 60 |
| Hautmont | 128 | 5 50 | 115 | 5 10 | 110 | 4 9 | 87 | 4 50 | 9. | 4 50 | 117 | 5 10 | 109 | 4 90 | 133 | 5 60 | 23 | 11 3 | 264 | 9 50 | 225 | 8 40 | 246 | 9 » | 17 | 1 » | » | » |
| Gare des Usines | 132 | 5 60 | 118 | 5 2 | 113 | 5 » | 90 | 4 6 | 98 | 4 60 | 120 | 5 20 | 113 | 5 » | 136 | 5 70 | 26 | 11 40 | 267 | 9 60 | 228 | 8 50 | 250 | 9 10 | 14 | » 80 | 4 | » 60 |
| **Maubeuge** | 133 | 5 60 | 120 | 5 20 | 114 | 5 » | 92 | 4 60 | 99 | 4 60 | 121 | 5 30 | 114 | 5 » | 137 | 5 70 | 27 | 11 40 | 2 8 | 9 70 | 229 | 8 50 | 251 | 9 20 | 12 | » 70 | 5 | » 60 |
| Jeumont | 143 | 5 90 | 129 | 5 50 | 124 | 5 30 | 101 | 4 90 | 109 | 4 90 | 131 | 5 6 | 123 | 5 30 | 14. | 6 » | 337 | 11 7 | 278 | 10 » | 239 | 8 8 | 260 | 9 40 | 3 | » 60 | 15 | » 90 |
| **Erquelines** | 145 | » » | 131 | » » | 126 | » » | 103 | » » | 111 | » » | 133 | » » | 126 | » » | 149 | » » | 339 | » » | 280 | » » | 241 | » » | 263 | 10 10 | » | » » | 17 | » » |

| DESTINATIONS. | De QUIÉVRAIN. | | De VALENCIEN. | | De RAISMES | | De LOURCHES. | | De SOMAIN. | | De LEFOREST | | De DOUAI. | | De ARRAS. | | De BOULOGNE. | | De ST.-VALERY. | | De DUNKERQUE | | De CALAIS. | | De ERQUELINES | | De HAUTMON |  |
|---|---|---|---|---|---|---|---|---|---|---|---|---|---|---|---|---|---|---|---|---|---|---|---|---|---|---|---|---|
| | Distances. | Prix par 1,000 kilog. | Distances. | Prix par 1,000 kilog. | Distances. | Prix par 1,000 kilog. | Distances. | Prix par 1,000 kilog. | Distances. | Prix par 1,000 kilog. | Distances. | Prix par 1,000 kilog. | Distances. | Prix par 1,000 kilog. | Distances. | Prix par 1,000 kilog. | Distances. | Prix par 1,000 kilog. | Distances. | Prix par 1,000 kilog. | Distances. | Prix par 1,000 kilog. | Distances. | Prix par 1,000 kilog. | Distances. | Prix par 1,000 kilog. | Distances | Prix par 1,000 kilog. |
| | | fr. c. | | fr. c. | | fr. c. | | fr. c. | | fr. c. | | fr. c. | | fr. c. | | fr. c. | | fr. c. | | fr. c. | | fr. c. | | fr. c. | | fr. c. | | fr. |
| Liancourt. . . . | 206 | 7 80 | 193 | 7 60 | 187 | 7 40 | 180 | 7 4 | 172 | 7 » | 167 | 6 80 | 160 | 6 60 | 134 | 5 90 | 196 | 7 70 | 137 | 6 30 | 275 | 10 1 | 297 | 10 70 | 198 | 8 1 | 181 | 7 |
| Clermont. . . . | 199 | 7 80 | 185 | 7 00 | 18. | 7 40 | 173 | 7 40 | 165 | 7 » | 160 | 6 80 | 153 | 6 00 | 127 | 5 9 | 189 | 7 70 | 130 | 6 10 | 258 | 10 10 | 290 | 10 70 | 205 | 8 30 | 189 | 7 |
| Saint-Just . . . | 184 | 7 70 | 171 | 7 30 | 165 | 7 10 | 158 | 6 90 | 150 | 6 70 | 146 | 6 60 | 138 | 6 30 | 113 | 5 60 | 175 | 7 40 | 11. | 5 60 | 254 | 9 8 | 275 | 10 40 | 220 | 8 70 | 203 | 8 2 |
| Breteuil . . . . | 169 | 7 30 | 156 | 6 90 | 150 | 6 70 | 143 | 6 50 | 135 | 6 20 | 130 | 6 10 | 123 | 5 90 | 97 | 5 10 | 159 | 7 » | 108 | 5 20 | 239 | 9 40 | 260 | 10 » | 235 | 8 70 | 219 | 8 2 |
| Ailly-sur Noye. . | 153 | 6 80 | 139 | 6 40 | 134 | 6 20 | 127 | 6 » | 119 | 5 80 | 114 | 5 60 | 107 | 5 40 | 81 | 4 60 | 143 | 6 50 | 84 | 4 70 | 222 | 8 90 | 244 | 9 50 | 229 | 8 50 | 213 | 8 |
| Boves . . . . . | 142 | » » | 128 | » » | 123 | » » | 116 | » » | 108 | » » | 103 | » » | 96 | » » | 70 | » » | 132 | » » | 73 | » » | 211 | » » | 233 | » » | 218 | » » | 202 | » |
| Longueau . . . | 137 | » » | 124 | » » | 119 | » » | 111 | » » | 104 | » » | 99 | » » | 92 | » » | 66 | » » | 128 | » » | 68 | » » | 207 | » » | 228 | » » | 214 | » » | 198 | » |
| **Amiens**. . . | 139 | 6 40 | 126 | 6 » | 121 | 5 80 | 113 | 5 60 | 106 | 5 40 | 101 | 5 20 | 94 | 5 » | 68 | 4 10 | 123 | 5 90 | 64 | 3 80 | 209 | 8 50 | 231 | 9 10 | 216 | 8 10 | 200 | 7 6 |
| Ailly-sur-Somme | 149 | 6 70 | 136 | 6 30 | 130 | 6 10 | 122 | 5 90 | 115 | 5 60 | 110 | 5 50 | 103 | 5 30 | 77 | 4 50 | 114 | 5 60 | 53 | 3 30 | 219 | » | 240 | » | 226 | 8 40 | 209 | 7 9 |
| Picquigny . . . | 154 | 6 80 | 140 | 6 40 | 135 | 6 20 | 127 | 6 » | 120 | 5 80 | 115 | 5 60 | 108 | 5 40 | 82 | 4 70 | 109 | 5 50 | 50 | 3 » | 223 | » | 245 | » | 230 | 8 50 | 214 | 8 |
| Hangest . . . . | 161 | 7 » | 147 | 6 60 | 142 | 6 50 | 134 | 6 2 | 127 | 6 » | 122 | 5 90 | 115 | 5 60 | 89 | 4 90 | 102 | 5 30 | 43 | 2 60 | 230 | » | 252 | » | 237 | 8 70 | 221 | 8 3 |
| Longpré. . . . . | 168 | 7 20 | 154 | 6 80 | 149 | 6 70 | 141 | 6 4 | 134 | 6 20 | 129 | 6 10 | 122 | 5 90 | 96 | 5 10 | 95 | 5 » | 36 | 2 20 | 237 | » | 259 | » | 244 | 8 90 | 228 | 8 5 |
| Pont-Remy. . . | 176 | 7 50 | 162 | 7 10 | 157 | 6 90 | 150 | 6 70 | 142 | 6 50 | 137 | 6 30 | 130 | 6 10 | 104 | 5 30 | 87 | 4 80 | 28 | 1 70 | 245 | » | 267 | » | 252 | 9 20 | 236 | 8 7 |
| Abbeville . . . | 183 | 7 70 | 170 | 7 30 | 165 | 7 10 | 157 | 6 90 | 150 | 6 70 | 145 | 6 50 | 138 | 6 30 | 112 | 5 60 | 80 | 4 60 | 20 | 1 20 | 253 | » | 275 | » | 260 | 9 40 | 244 | 8 9 |
| Noyelles. . . . | 198 | 8 10 | 185 | 7 70 | 179 | 7 60 | 172 | 7 40 | 164 | 7 10 | 159 | 7 » | 152 | 6 80 | 126 | 6 » | 65 | 3 9. | 6 | » 60 | 268 | » | 289 | » | 275 | 9 9 | 258 | 9 4 |
| St.-Valéry. . . . | 203 | 8 30 | 190 | 7 90 | 184 | 7 70 | 177 | 7 50 | 169 | 7 3 | 168 | 7 2 | 157 | 6 90 | 132 | 6 20 | 70 | 4 20 | » | » » | 273 | » | 294 | » | 283 | 10 » | 264 | 9 5 |
| Rue. . . . . . | 208 | 8 40 | 195 | 8 » | 189 | 7 90 | 182 | 7 70 | 174 | 7 40 | 169 | 7 30 | 162 | 7 10 | 136 | 6 30 | 55 | 3 30 | 16 | 1 » | 278 | » | 299 | » | 285 | 10 20 | 268 | 9 7 |
| Montreuil . . . | 224 | 8 50 | 211 | 8 20 | 205 | 8 » | 198 | 7 8 | 190 | 7 5 | 185 | 7 50 | 178 | 7 30 | 152 | 6 50 | 39 | 2 30 | 32 | 1 90 | 294 | » | 315 | » | 301 | 10 70 | 284 | 10 1 |
| Etaples . . . . | 235 | 8 50 | 221 | 8 20 | 21. | 8 » | 208 | 7 80 | 201 | 7 50 | 196 | 7 50 | 189 | 7 30 | 163 | 6 5 | 28 | 1 70 | 42 | 2 50 | 304 | » | 326 | » | 311 | 10 80 | 295 | 10 3 |
| Neufchâtel. . . | 248 | 8 50 | 235 | 8 20 | 229 | 8 » | 222 | 7 8 | 215 | 7 50 | 210 | 7 50 | 202 | 7 30 | 177 | 6 50 | 15 | » 90 | 51 | 3 40 | 318 | » | 339 | » | 325 | 10 80 | 309 | 10 3 |
| Pont-de-Briques. | 257 | 8 50 | 244 | 8 20 | 238 | 8 » | 231 | 7 80 | 223 | 7 50 | 219 | 7 50 | 211 | 7 30 | 186 | 6 50 | 6 | » 60 | 65 | 3 90 | 327 | » | 348 | » | 334 | 10 80 | 318 | 10 3 |
| Garage d'Outreau | 260 | » » | 246 | » » | 241 | » » | 233 | » » | 226 | » » | 221 | » » | 214 | » » | 188 | » » | 3 | » » | 67 | » » | 329 | » | 351 | » | 336 | » » | 320 | » |
| **Boulogne**. . | 262 | 8 50 | 249 | 8 20 | 244 | 8 » | 236 | 7 80 | 229 | 7 50 | 224 | 7 50 | 217 | 7 30 | 191 | 6 50 | » | » » | 70 | 4 20 | 332 | » | 354 | » | 339 | 10 80 | 323 | 10 3 |
| Corbie. . . . | 124 | 5 90 | 111 | 5 50 | 105 | 5 30 | 98 | 5 10 | 91 | 4 90 | 86 | 4 80 | 78 | 4 50 | 53 | 3 20 | 139 | 6 40 | 79 | 4 60 | 194 | 8 » | 215 | 8 60 | 201 | 7 70 | 185 | 7 2 |
| Albert. . . . . | 108 | 5 40 | 95 | 5 » | 90 | 4 90 | 82 | 4 70 | 75 | 4 40 | 70 | 4 20 | 63 | 3 80 | 37 | 2 10 | 155 | 6 80 | 95 | 5 » | 178 | 7 | 200 | 8 20 | 185 | 7 20 | 169 | 6 7 |
| Achiet. . . . . | 90 | 4 90 | 76 | 4 50 | 71 | 4 30 | 64 | 3 80 | 5. | 3 40 | 51 | 3 10 | 44 | 2 60 | 18 | 1 10 | 173 | 7 40 | 114 | 5 60 | 160 | 7 » | 181 | 7 6 | 167 | 6 60 | 150 | 6 1 |
| Boileux . . . . | 81 | » | 67 | » | 62 | » | 55 | » | 47 | » | 42 | » | 35 | » | 9 | » | 182 | » | 123 | » | 150 | » | 172 | » | 157 | » | 141 | » |
| **Arras**. . . . | 72 | 4 » | 59 | 3 50 | 53 | 3 20 | 46 | 2 80 | 38 | 2 30 | 33 | 2 » | 26 | 1 60 | » | » | 191 | 7 90 | 132 | 6 20 | 142 | 6 50 | 163 | 7 1 | 149 | 6 10 | 133 | 5 6 |
| Rœux. . . . . | 63 | 3 8 | 50 | 3 » | 44 | 2 60 | 37 | 2 2 | 29 | 1 70 | 24 | 1 40 | 17 | 1 » | 10 | » 60 | 200 | 8 1 | 140 | 6 40 | 133 | 6 20 | 154 | 6 8 | 140 | 5 8 | 124 | 5 3 |
| Vitry. . . . . | 56 | 3 4 | 43 | 2 60 | 38 | 2 30 | 30 | 1 8 | 22 | 1 3 | 18 | 1 10 | 10 | » 60 | 16 | 1 » | 207 | 8 10 | 147 | 6 60 | 126 | 6 » | 147 | 6 60 | 133 | 5 60 | 11. | 5 1 |
| **Douai** . . . | 49 | 2 90 | 36 | 2 20 | 30 | 1 80 | 23 | 1 40 | 15 | » 90 | 8 | » 60 | » | » » | 26 | 1 60 | 217 | 8 10 | 157 | 6 90 | 116 | 5 70 | 137 | 6 10 | 126 | 5 40 | 109 | 4 9 |
| Montigny . . . | 41 | 2 50 | 28 | 1 70 | 22 | 1 30 | 15 | » 9 | 7 | » 60 | 16 | 1 » | 9 | » 60 | 32 | 1 90 | 222 | 8 6 | 163 | 7 10 | 124 | 5 9 | 146 | 6 60 | 118 | 5 1 | 101 | 4 7 |
| Somain . . . . | 34 | 2 » | 21 | 1 30 | 15 | » 90 | 8 | » 6 | » | » | 22 | 1 3 | 15 | » 90 | 38 | 2 3 | 229 | 9 » | 169 | 7 30 | 131 | 6 10 | 152 | 6 8 | 111 | 4 9 | 95 | 4 5 |
| Wallers. . . . | 25 | 1 50 | 12 | » 70 | 7 | » 60 | 17 | 1 » | 9 | » 60 | 31 | 1 90 | 24 | 1 40 | 47 | 2 80 | 238 | 9 20 | 178 | 7 50 | 140 | 6 40 | 161 | 7 » | 120 | 5 20 | 104 | 4 7 |
| Raismes. . . . | 19 | 1 10 | 6 | » 60 | » | » | 23 | 1 40 | 15 | » 90 | 37 | 2 20 | 30 | 1 80 | 53 | 3 20 | 244 | 9 4 | 184 | 7 70 | 146 | 6 60 | 167 | 7 20 | 126 | 5 40 | 110 | 4 9 |
| Garage d'Anzin. . | » | » | » | » | » | » | » | » | » | » | » | » | » | » | » | » | » | » | » | » | » | » | » | » | » | » | » | » |
| **Valencien**. . | 14 | » 80 | » | » | 6 | » 60 | 29 | 1 70 | 21 | 1 30 | 43 | 2 60 | 36 | 2 20 | 59 | 3 50 | 249 | 9 60 | 190 | 7 90 | 151 | 6 70 | 173 | 7 40 | 131 | 5 60 | 115 | 5 1 |
| Blanc-Misseron. | 2 | » 60 | 12 | » 70 | 18 | 1 10 | 40 | 2 40 | 33 | 2 » | 54 | 3 2 | 47 | 2 80 | 70 | 4 20 | 261 | » | 202 | 8 30 | 163 | 7 10 | 184 | 7 70 | 143 | 5 90 | 127 | 5 4 |
| **Quiévrain**. . | » | » | 14 | » | 19 | » | 42 | » | 34 | » | 56 | » | 49 | » | 72 | » | 262 | » | 203 | » | 165 | » | 186 | » | 145 | » | 128 | » |
| Pont-de-la-Deûle | 52 | 3 10 | 39 | 2 30 | 33 | 2 » | 26 | 1 60 | 18 | 1 10 | 4 | » 60 | 4 | » 60 | 29 | 1 70 | 220 | 8 1 | 161 | 7 » | 113 | 5 60 | 134 | 6 1 | 129 | 5 5 | 113 | 5 |
| Le Forest. . . . | 56 | 3 40 | 43 | 2 60 | 37 | 2 20 | 30 | 1 8 | 22 | 1 30 | » | » | 8 | » 60 | 33 | 2 » | 224 | 8 10 | 168 | 7 20 | 109 | 5 5 | 130 | 6 1 | 133 | 5 60 | 117 | 5 1 |
| Carvin. . . . . | 63 | 3 80 | 50 | 3 » | 44 | 2 60 | 37 | 2 20 | 29 | 1 70 | 7 | » 60 | 15 | » 90 | 40 | 2 40 | 231 | 8 10 | 172 | 7 40 | 102 | 5 30 | 123 | 5 9 | 140 | 5 80 | 124 | 5 3 |
| Seclin. . . . . | 71 | 3 80 | 58 | 3 50 | 52 | 3 10 | 45 | 2 70 | 37 | 2 20 | 15 | » 90 | 23 | 1 40 | 48 | 2 90 | 239 | 8 10 | 179 | 7 60 | 94 | 5 » | 115 | 5 60 | 148 | 6 1 | 131 | 5 6 |
| Fives. . . . . | 81 | 4 » | 68 | 3 7 | 62 | 3 50 | 55 | 3 20 | 47 | 2 90 | 25 | 1 60 | 32 | 2 » | 58 | 3 50 | 249 | 8 1 | 189 | 7 90 | 84 | 4 70 | 106 | 4 70 | 158 | 6 60 | 141 | 5 9 |
| **Lille**. . . . | 82 | 4 » | 69 | 3 70 | 64 | 3 50 | 56 | 3 2 | 49 | 2 90 | 27 | 1 60 | 34 | 2 » | 60 | 3 50 | 250 | 8 10 | 191 | 7 90 | 84 | 4 7 | 106 | 4 7 | 159 | 6 60 | 143 | 5 9 |
| Roubaix. . . . | 92 | 4 20 | 79 | 3 90 | 73 | 3 70 | 66 | 3 50 | 59 | 3 20 | 37 | 2 20 | 44 | 2 60 | 70 | 3 70 | 260 | 8 60 | 201 | 8 20 | 94 | 5 » | 115 | 5 3 | 169 | 6 70 | 153 | 6 2 |
| Tourcoing. . . . | 95 | 4 50 | 82 | 4 20 | 76 | 4 » | 69 | 3 80 | 61 | 3 50 | 39 | 2 30 | 46 | 2 80 | 72 | 4 » | 263 | 8 80 | 203 | 8 30 | 97 | 5 10 | 118 | 5 50 | 172 | 6 80 | 155 | 6 30 |
| **Mouscron** . | 10. | » | 87 | » | 81 | » | 74 | » | 66 | » | 45 | » | 52 | » | 78 | » | 268 | » | 209 | » | 102 | » | 123 | » | 177 | » | 161 | » |
| Pérenchies. . . | 91 | 4 50 | 77 | 4 20 | 72 | 4 » | 67 | 3 80 | 57 | 3 40 | 35 | 2 10 | 42 | 2 50 | 68 | 4 » | 258 | » | 199 | » | 74 | 4 40 | 96 | 4 40 | 167 | 6 60 | 151 | 6 20 |
| Armentières. . . | 98 | 4 50 | 84 | 4 20 | 79 | 4 » | 71 | 3 80 | 64 | 3 50 | 42 | 2 50 | 49 | 2 90 | 75 | 4 » | 265 | » | 206 | » | 68 | 4 » | 89 | 4 » | 174 | 6 80 | 158 | 6 40 |
| Steenwerck . . | 105 | 5 20 | 92 | 4 90 | 86 | 4 70 | 79 | 4 50 | 71 | 4 20 | 50 | 3 » | 57 | 3 40 | 83 | 4 70 | 273 | » | 214 | » | 60 | 3 60 | 81 | 4 » | 182 | 7 10 | 166 | 6 60 |
| Bailleul . . . . | 109 | 5 50 | 96 | 5 10 | 91 | 4 90 | 83 | 4 70 | 76 | 4 50 | 54 | 3 20 | 61 | 3 70 | 87 | 4 80 | 277 | » | 218 | » | 56 | 3 30 | 77 | 4 » | 186 | 7 20 | 170 | 6 70 |
| Strazeele. . . . | 117 | 5 50 | 104 | 5 20 | 99 | 5 » | 91 | 4 8 | 84 | 4 50 | 62 | 3 70 | 69 | 4 10 | 95 | 5 » | 285 | » | 226 | » | 48 | 2 9 | 69 | 4 » | 194 | 7 40 | 178 | 7 » |
| **Hazebrou**. . | 124 | 5 50 | 111 | 5 20 | 105 | 5 » | 98 | 4 8 | 90 | 4 50 | 68 | 4 10 | 75 | 4 40 | 101 | 5 » | 292 | » | 232 | » | 41 | 2 5 | 63 | 3 70 | 201 | 7 70 | 184 | 7 10 |
| Cassel. . . . . | 133 | 6 » | 120 | 5 70 | 115 | 5 50 | 107 | 5 30 | 100 | 5 » | 78 | 4 50 | 85 | 4 70 | 111 | 5 50 | 301 | » | 242 | » | 32 | 1 90 | 72 | 4 20 | 210 | 7 90 | 194 | 7 4 |
| Arnèke . . . . | 141 | 6 » | 127 | 5 70 | 122 | 5 50 | 115 | 5 30 | 107 | 5 » | 85 | 4 70 | 92 | 4 90 | 118 | 5 50 | 308 | » | 249 | » | 24 | 1 40 | 79 | 4 20 | 217 | 8 10 | 201 | 7 7 |
| Esquelbecq. . . | 147 | 6 » | 134 | 5 70 | 128 | 5 50 | 121 | 5 30 | 113 | 5 » | 92 | 4 90 | 99 | 5 » | 125 | 5 50 | 315 | » | 256 | » | 18 | 1 10 | 86 | 4 20 | 224 | 8 20 | 208 | 7 7 |
| Bergues. . . . . | 156 | 6 » | 143 | 5 70 | 138 | 5 50 | 130 | 5 3 | 123 | 5 » | 101 | 5 » | 108 | 5 » | 134 | 5 50 | 324 | » | 265 | » | 9 | » 60 | 95 | 4 20 | 233 | 8 20 | 217 | 7 7 |
| **Dunkerque** | 165 | 6 » | 151 | 5 70 | 146 | 5 50 | 138 | 5 30 | 131 | 5 » | 109 | 5 » | 116 | 5 » | 142 | 5 50 | 332 | » | 273 | » | » | » | 103 | » | 241 | 8 20 | 225 | 7 7 |
| Ebblinghem . . | 133 | » | 120 | » | 115 | » | 107 | » | 100 | » | 78 | » | 85 | » | 111 | » | 301 | » | 242 | » | 51 | » | 53 | » | 210 | » | 194 | » |
| **St.-Omer**. . | 144 | 6 » | 131 | 5 70 | 125 | 5 50 | 118 | 5 30 | 110 | 5 » | 89 | 4 90 | 96 | 5 » | 122 | 5 50 | 312 | » | 253 | » | 62 | 2 90 | 42 | 2 50 | 221 | 8 20 | 205 | 7 70 |
| Watten . . . . | 153 | 6 50 | 140 | 6 20 | 134 | 6 » | 127 | 5 80 | 119 | 5 50 | 97 | 5 10 | 105 | 5 30 | 130 | 6 » | 321 | » | 262 | » | 70 | 2 90 | 33 | 2 » | 230 | 8 50 | 214 | 8 » |
| Audruicq. . . . | 165 | 6 50 | 151 | 6 20 | 146 | 6 » | 138 | 5 8 | 131 | 5 50 | 109 | 5 50 | 116 | 5 50 | 142 | 6 » | 332 | » | 273 | » | 82 | 2 90 | 22 | 1 30 | 241 | 8 70 | 225 | 8 20 |
| Ardres . . . . | 172 | 6 50 | 159 | 6 20 | 153 | 6 » | 146 | 5 8 | 139 | 5 50 | 117 | 5 50 | 124 | 5 50 | 150 | 6 » | 340 | » | 281 | » | 90 | 3 50 | 14 | » 80 | 249 | 8 70 | 233 | 8 2 |
| St.-Pierre-l.-Cal.. | 183 | 6 50 | 170 | 6 20 | 164 | 6 » | 157 | 5 80 | 150 | 5 50 | 128 | 5 50 | 135 | 5 50 | 161 | 6 » | 351 | » | 292 | » | 101 | 4 10 | 3 | » 60 | 260 | 8 70 | 244 | 8 2 |
| **Calais** . . . | 186 | 6 50 | 173 | 6 20 | 167 | 6 » | 160 | 5 8 | 152 | 5 50 | 130 | 5 50 | 137 | 5 50 | 163 | 6 » | 354 | » | 294 | » | 103 | » | » | » | 263 | 8 70 | 246 | 8 2 |

# CONDITIONS DE LOCATION

DES

## CHANTIERS POUR DÉPOTS DE CHARBON ET DE COKE

### A la Gare du Rond-Point de La Chapelle.

---

La Compagnie du Chemin de fer du Nord a fait préparer des chantiers qui seront mis à la disposition du commerce pour servir à déposer les charbons et les cokes qui arrivent par le Chemin de fer du Nord.

Ces chantiers seront exclusivement affectés au dépôt des charbons et des cokes transportés par ledit chemin de fer.

Les locataires auront à signer l'engagement de se conformer aux conditions réglées par le tarif homologué pour le transport des houilles, et notamment en ce qui regarde les destinataires ayant un emplacement en gare (1).

La location aura lieu pour une année entière, au prix de 2 fr. par mètre carré et par an.

Le prix du loyer sera payable à l'expiration de chaque mois.

La surface de terrain loué sera au moins de cent mètres carrés.

A toute époque, si les demandes surpassaient en étendue les surfaces dont la Compagnie pourrait disposer, il serait procédé à une révision de la répartition des chantiers, et l'on prendrait pour base, dans ce travail, l'importance des arrivages de chaque locataire, comparée à la surface qu'il a en location.

Le locataire d'un lot ne peut sous-louer sans le consentement écrit de la Compagnie. Ce consentement ne pourra être accordé que dans le cas où la liste des personnes inscrites aurait été épuisée. dans le cas contraire, le lot ne pourra être cédé qu'à la personne en tête de la liste, et au prix du tarif.

(1) CONDITIONS DU TARIF. — ART. 3. Les wagons doivent être déchargés, au plus tard, vingt-quatre heures après la réception de l'avis qui sera donné par Compagnie au destinataire, et à l'expiration de ce délai, il sera perçu 0 fr. 25 c. par heure de retard et par wagon. Pour l'exécution de cette clause, tout destinataire qui n'aura pas son domicile dans la localité adjacente à la station, sera tenu d'y désigner un représentant pour recevoir les avis de la Compagnie. A défaut par lui de le faire, le délai de vingt-quatre heures courra à partir de l'instant où la lettre d'avis aura été déposée au bureau de poste de la localité. Passé ce délai, il est perçu pour chômage forcé du matériel un droit 0 fr. 25 c. par heure de retard et par wagon; étant d'ailleurs loisible à la Compagnie, passé ce même délai, de faire faire le déchargement par ses agents, en percevant les frais indiqués ci-dessus pour cette opération. Le combustible ainsi déchargé sera soumis à dater de la mise à terre, à un droit de magasinage de 10 c. par tonne et par jour.

ART. 4. Dans toutes les gares où il y aura des emplacements suffisants pour y déposer la houille et le coke, la Compagnie rentrera dans son droit de décharger les wagons. Néanmoins, le destinataire aura toujours le droit de décharger lui-même ses wagons, en prenant l'engagement d'effectuer cette opération dans les six heures de l'arrivée du wagon en gare. Si le destinataire n'est pas en gare ou s'il n'a pas déchargé le wagon dans les délais, la Compagnie fera décharger le wagon par ses agents, en percevant le droit ci-dessus fixé à 0 fr. 30 pour 1,000 kilos et sans responsabilité pour le bris du combustible. Le charbon mis à terre paiera, après un séjour franc de trente-six heures, un droit de magasinage de 0 fr. 10 c. par 1,000 kilog. et par jour. Ce régime est appliqué à la gare de la Chapelle — Les gares auxquelles il sera étendu seront ultérieuremen désignées, en prévenant le public un mois au moins à l'avance.

Il sera accordé aux locataires une restitution de loyer calculée à raison de 50 cent. pour chaque wagon chargé de houille ou de coke, qui sera arrivé en leur nom et déchargé en gare de La Chapelle dans le courant du mois.

Cette restitution de location sera accordée aux titulaires de la location, non seulement pour les wagons déchargés sur leur chantier, mais même pour les wagons transbordés sur tombereau sur les voies banales de la gare.

Cette restitution de loyer aura pour limite extrême le prix total de la location, sans pouvoir donner lieu pour le locataire à une recette effective.

Les locataires devront avoir un représentant en gare qui recevra les lettres d'avis des arrivages et donnera immédiatement les instructions, soit pour conduire leurs wagons en face du chantier, soit pour les mettre sur les voies banales de la gare.

Les locataires prendront l'engagement de congédier immédiatement tout ouvrier ou employé qui ne se soumettrait pas au règlement de la Compagnie.

Une bonification de 50 c. par 1,000 kilogr. sur les tarifs des charbons transportés à Paris par le Chemin de fer du Nord, venant de Saint-Valéry, de Boulogne, de Mons, de Lourches, de Hautmont et points au-delà, sera faite aux locataires, à la condition que les wagons chargés de houille soient déchargés dans les six heures, c'est-à-dire, qu'un wagon mis à la disposition avant six heures du matin soit déchargé à midi, au plus tard, et qu'un wagon mis à disposition avant midi, soit déchargé au plus tard à six heures du soir. Cette bonification ne sera faite que pour les wagons déchargés dans les délais ci-dessus, qui sont de rigueur.

Cette bonification sera maintenue au moins jusqu'au 1er mai 1860. Elle pourra être modifiée ou supprimée après cette époque, en prévenant le public deux mois à l'avance, mais à la condition que les locataires pourront, dans le même délai, demander la résiliation de leur bail de location.

---

# CAMIONNAGE DES CHARBONS

## *Dans Paris et dans la banlieue.*

Les charbons transportés par le chemin de fer du Nord seront camionnés à domicile, dans Paris et la banlieue, au tarif suivant, qui comprend le prix du transbordement du wagon au tombereau :

| | | | | |
|---|---|---|---|---|
| A une distance de | 1 kilom. | et au-dessous, | 1 70 | les 1,000 kilog. |
| » | 1 à 2 | » | 2 » | » |
| » | 2 à 3 | » | 2 30 | » |
| » | 3 à 4 | » | 2 60 | » |
| » | 4 à 5 | » | 2 90 | » |
| » | 5 à 6 | » | 3 20 | » |
| » | 6 à 7 | » | 3 50 | » |
| » | 7 à 8 | » | 3 80 | » |

et ainsi de suite, avec un supplément de 30 c. par kilomètre.

Ces prix s'appliquent aux wagons qui devront être camionnés chez un seul destinataire, avec des tombereaux d'une contenance de 3,400 à 3,400 kilog.; ils comprennent le déchargement par renversement du tombereau dans la cour du destinataire, sans autre manutention.

Si le destinataire demande que le camionnage ait lieu avec des tombereaux d'une contenance de moins de 3,400 kil., un supplément de 50 c. par 1,000 kilog. sera perçu.

Lorsque le contenu du wagon devra être divisé en plusieurs destinataires, les prix ci-dessus seront augmentés de 1 fr. par 1,000 kil. Toute fraction au-dessous de 1,000 kilog. sera taxée comme 1,000 kilog.

Lorsque, sur la demande du destinataire, le charbon sera mis en sacs et pesé, cette opération donnera lieu à une perception de 1 fr. par 1,000 kilog. La descente à la cave sera payée à raison de 5 fr. les 1,000 kilog.

---

# CAMIONNAGE DES COKES.

Les cokes transportés par le Chemin de fer du Nord seront camionnés à domicile, dans Paris et la banlieue, au tarif suivant, qui comprend le prix du transbordement du wagon au tombereau :

| | | | | |
|---|---|---|---|---|
| A une distance de | 1 kilom. et au-dessous, | 2 10 | les 1,000 kilog. |
| » | 1 à 2 | » | 2 45 | » |
| » | 2 à 3 | » | 2 80 | » |
| » | 3 à 4 | » | 3 15 | » |
| » | 4 à 5 | » | 3 50 | » |
| » | 5 à 6 | » | 3 85 | » |
| » | 6 à 7 | » | 4 20 | » |
| » | 7 à 8 | — | 4 55 | » |

et ainsi de suite, avec un supplément de 35 c. par kilomètre.

Ces prix s'appliquent aux wagons qui devront être camionnés chez un seul destinataire ; ils comprennent le déchargement par renversement du tombereau dans la cour du destinataire, sans autre manutention.

Lorsque le contenu du wagon devra être divisé entre plusieurs destinataires, les prix ci-dessus seront augmentés de 1 fr. par 1,000 kilog. Toute fraction au-dessous de 1,000 kilog. sera taxée comme 1,000 kilog.

# Tarif spécial P. V. — N.° 12.

## PAVÉS ET PIERRES A MACADAM

Par wagon complet de 10,000 kilogrammes.

Les pavés et pierres à macadam expédiés des gares houillères du réseau du Nord en destination de La Chapelle, seront transportés aux prix et conditions du tarif spécial de la houille et du coke. (Voir le tarif qui précède, pages 23 à 26.)

# Tarif spécial. P. V. — N.° 13.

## PERCHES DESTINÉES AUX HOUILLÈRES

### Par wagon complet d'au moins 5,000 kilogrammes.

Les perches destinées aux houillères, expédiées des diverses gares du Chemin de fer du Nord pour les points de provenance de la houille, seront transportées aux mêmes prix que la houille, en destination de ces gares. (Voir le tarif spécial P. V. N.° 11, pages 23 à 26.)

## CONDITIONS.

Les prix du présent tarif ne sont applicables qu'aux perches dont la longueur n'excède pas 4 mètres 40 cent., à la condition qu'elles seront chargées dans les wagons spécialement affectés au transport de la houille.

Les expéditions pesant moins de 5,000 kilog. paieront pour ce poids, s'il y a avantage pour l'expéditeur.

Le chargement et le déchargement seront faits par les expéditeurs et les destinataires. Dans le cas où l'une de ces opérations serait faite par la Compagnie, elle lui serait payée à 0.30 centimes par 1,000 kilog.

Les wagons mis à la disposition des expéditeurs devront être charges dans les vingt-quatre heures. Passé ce délai, le chargement resté incomplet sera expédié et taxé soit comme 5,000 kilog., au prix du présent tarif, soit d'après le poids réel, au prix des tarifs généraux des deux Compagnies.

Les wagons doivent être déchargés, au plus tard, douze heures après leur arrivée. A l'expiration de ce délai, il sera perçu 25 cent. par heure de retard et par wagon. Pour l'exécution de cette clause, tout destinataire qui n'aura pas son domicile dans la localité, adjacente à la station, sera tenu d'y désigner un représentant pour recevoir les avis de la Compagnie. A défaut par lui de le faire, le délai de douze heures courra à partir de l'instant où la lettre aura été déposée au bureau de poste de la localité.

Ce tarif spécial est fait à la condition formelle que le délai ordinaire, pour l'expédition et le transport des marchandises, pourra être dépassé de quinze jours, sans que, pour ce surcroît de délai, la Compagnie soit soumise à aucune indemnité.

### AVIS IMPORTANT.

Les expediteurs auront toujours le choix entre les prix et conditions du présent tarif et les prix et conditions des tarifs généraux ou spéciaux

# Tarif spécial. P.V. — N° 14.

## ANIMAUX, INSTRUMENTS ET PRODUITS

*Envoyés aux Concours agricoles.*

| SPÉCIFICATION. | LIEUX DE DÉPART ET DE DESTINATION. | PRIX. |
|---|---|---|
| Animaux, instruments et produits, destinés aux concours agricoles. | D'une station quelconque à une autre station du réseau. | Réduction de 50 0/0 sur le prix du transport. |

## CONDITIONS.

Pour jouir du présent tarif, les expéditions doivent être accompagnées de la lettre d'admission au concours, délivrée par Son Excellence M. le Ministre de l'Agricultnre, du Commerce et des Travaux publics.

Le présent tarif est applicable au retour.

Moyennant la demande faite par l'expéditeur de jouir du prix réduit ci-dessus, la Compagnie sera exonérée de toute responsabilité en cas d'accident, d'avarie ou de retard dans la livraison.

# Tarif spécial. P.V. — N°15.

# OPÉRATIONS EN DOUANE.

La Compagnie se charge de remplir les formalités en douanes, pour les expéditions de petite vitesse en provenance ou en destination de l'étranger, aux conditions suivantes :

| | Fr. | C. |
|---|---|---|
| 1.° Il sera perçu pour les opérations et formalités de douane, déballage, pesée et réemballage de la marchandise : | | |
| Par expédition de 100 kilogrammes et au-dessous . . . . . . . . . . . . . . | » | 50 |
| Par fraction indivisible de 100 kilogrammes excédant. . . . . . . . . . . . | » | 25 |
| Avec un minimum de perception de 25 c. par colis, lorsque l'expédition se compose de colis de natures différentes. | | |
| Par chargement de wagon complet de 5,000 kilog. de marchandise de même nature non sujette à la vérification détaillée. . . . . . . . . . . . . . . . . . . | 2 | 50 |
| Par fraction indivisible de 1,000 kilog. excédant . . . . . . . . . . . . . | » | 50 |
| Par exception, les chargements de wagons complets de 5,000 à 10,000 kilogrammes de houille, de coke et de minerai seront taxés à. . . . . . . . . . . . . . . . . | » | 50 |
| Pour les excédants au-delà de 10,000 kilogrammes, il sera perçu, par fraction indivisible de 1,000 kilogrammes. . . . . . . . . . . . . . . . . . . . . . . . | » | 05 |
| Il ne sera rien perçu pour les marchandises dont les formalités en douane seront remplies par les expéditeurs ou les destinataires dans les locaux du chemin de fer. | | |
| 2.° Toute expédition de marchandises adressées au bureau des Douanes et dont l'enlèvement n'aura pas eu lieu dans les deux jours, à partir de la mise à la poste de la lettre d'avis d'arrivée, adressée au destinataire, sera soumise, passé ces délais, aux droits de magasinage suivants : | | |
| Par jour et par fraction indivisible de 100 kilog . . . . . . . . . . . . . | » | 02 |
| Avec les minima suivants : Pour un et deux jours . . . . . . . . . . . . . . | » | 05 |
| — — Pour trois, quatre ou cinq jours. . . . . . . . . . . | » | 10 |

3.° La Compagnie se charge de la prise et de la remise à domicile de ces marchandises au prix de son tarif spécial P. V. N.° 16. (Voir ci-après, page 34.)

*Nota.* Les marchandises sous régime de douane, dirigées sur le bureau de Paris, ne pouvant y stationner sans déclaration au-delà de dix jours, date de leur arrivée, seront, après ce délai, conduites d'office à l'entrepôt du Marais.

# Tarif spécial P. V. — N° 16.

## CAMIONNAGE.

### 1° DANS PARIS (nouvelle circonscription).

§ I. Prise et remise à domicile ;

Prix par 1,000 kilog. : 5 francs (applicable de 10 en 10 kilog.)
Minimum de taxe : 50 centimes.
Délai : Deux jours. (1)

§ II. Transport à la gare des articles remis par le public dans les bureaux de la Compagnie (rue du Bouloi, 21, et rue Coquillère, 31), pour être expédiés en petite vitesse sur les divers points du réseau du Nord.

Prix par 1,000 kilog : 3 francs (applicable de 10 en 10 kilog.)
Minimum de taxe : 30 centimes.

§ III. Les prix ci-dessus sont augmentés de 50 pour cent pour les objets d'art, les glaces, les meubles non emballés, les marbres en tranches et les marchandises qui ne pèseraient pas 200 kilog. sous le volume d'un mètre cube.

### 2° DANS LES DÉPARTEMENTS.

§ IV. Prise et reprise à domicile.

| LOCALITÉS DESSERVIES. | PRIX par 1,000 kil. applicable de 10 en 10 kil. | MINIMUM de taxe. | DÉLAIS en jours. | LOCALITÉS DESSERVIES. | PRIX par 1,000 kil. applicable de 10 en 10 kil. | MINIMUM de taxe | DÉLAIS en jours. |
|---|---|---|---|---|---|---|---|
| | F. C. | F. C. | | | F. C. | F. C. | |
| Abbeville | 2 » | » 20 | 2 | **Douai** | 2 » | » 20 | 2 |
| **Amiens** | 2 » | » 20 | 2 | **Dunkerque** | 1 » | » 20 | 2 |
| Armentières | 2 » | » 20 | 2 | Hazebrouck | 2 » | » 20 | 2 |
| **Arras** | 2 » | » 20 | 2 | Laon | 3 50 | » 35 | 2 |
| Bailleul | 2 » | » 20 | 2 | **Lille** (nouvelle circonsc.) | 3 » | » 40 | 2 |
| Beauvais | 2 » | » 20 | 2 | Maubeuge | 2 » | » 20 | 2 |
| Bergues | 2 » | » 20 | 2 | Noyon | 2 » | » 20 | 2 |
| **Boulogne** ville basse | 2 » | » 20 | 2 | Pontoise | 5 » | » 50 | 2 |
| **Boulogne** ville haute | 3 » | » 30 | 2 | Roubaix | 2 » | » 20 | 2 |
| **Calais** | 2 » | » 20 | 2 | Saint-Denis | 2 » | » 20 | 2 |
| **Cambrai** | 2 50 | » 25 | 2 | **Saint-Omer** | 2 » | » 20 | 2 |
| Carvin | 5 » | » 50 | 2 | Saint-Pierre-lez-Calais | 2 » | » 20 | 2 |
| Câteau (Le) | 2 » | » 20 | 2 | Saint-Quentin | 2 » | » 20 | 2 |
| Chauny | 1 » | » 15 | 2 | Tourcoing | 1 50 | » 15 | 2 |
| Clermont | 2 » | » 20 | 2 | **Valenciennes** | 2 » | » 20 | 2 |
| Compiègne | 2 » | » 20 | 2 | | | | 2 |

NOTA. — Les prix indiqués ci-dessus pour le Camionnage dans Paris et dans les départements ne sont pas applicables aux masses indivisibles pesant plus de 800 kilog., ni aux objets dont les dimensions nécessiteraient l'emploi de camions spéciaux. Pour ces marchandises, le commerce doit traiter de gré à gré avec la Compagnie ou avec ses correspondants.

(1) Ces délais ne sont pas obligatoires pour la Compagnie dans les cas d'encombrement.

# Tarif spécial. P. V. — N° 17.

## COKE

Par wagon complet d'au moins 5,000 kilogrammes

*Au départ de PARIS (gare de La Chapelle).*

| DESTINATIONS. | Distances légales en kilomèt. | PRIX par 1,000 kil. | DESTINATIONS. | Distances légales en kilomèt. | PRIX par 1,000 kil. | DESTINATIONS. | Distances légales en kilomèt. | PRIX par 1,000 kil. |
|---|---|---|---|---|---|---|---|---|
| Saint-Denis | 6 | 1 » | **St.-Quentin** | 152 | 3 90 | Corbie | 138 | 3 60 |
| Épinay | 8 | » | Essigny-le-Petit | 161 | 4 10 | Albert | 154 | 3 90 |
| Enghien | 10 | 1 » | Fresnoy-le-Grand | 169 | 4 10 | Achiet | 173 | 4 20 |
| Ermont | 13 | 1 » | Bohain | 173 | 4 20 | Boileux | 182 | » |
| Franconville | 16 | » | Busigny | 179 | 4 20 | **Arras** | 190 | 4 30 |
| Herblay | 19 | 1 » | Bertry | 185 | 4 30 | Rœux | 200 | 4 40 |
| Pontoise | 28 | 1 » | Caudry | 190 | 4 30 | Vitry | 206 | 4 50 |
| Auvers | 32 | 1 » | Catteniéres | 195 | 4 40 | **Douai** | 216 | 4 60 |
| Ile-Adam | 38 | 1 20 | **Cambrai** | 205 | 4 50 | Montigny | 222 | 4 70 |
| Beaumont | 45 | 1 40 | Iwuy | 213 | 4 60 | Somain | 228 | 4 70 |
| Boran | 52 | 1 60 | Bouchain | 219 | 4 60 | Wallers | 237 | 4 80 |
| Précy | 56 | » | Lourches | 222 | 4 70 | Raismes | 243 | 4 90 |
| Saint-Leu | 56 | 1 70 | **Le Câteau** | 189 | 4 30 | **Valenciennes** | 249 | 4 90 |
| Pierrefitte-Stains | 9 | 1 » | Landrecies | 200 | 4 40 | Blanc-Misseron | 260 | 5 » |
| Villiers le B.(Gonesse | 14 | 1 » | Aulnoye (Avesnes) | 215 | 4 60 | Quiévrain | 262 | » |
| Goussainville | 18 | 1 » | Hautmont | 223 | 4 70 | Leforest | 223 | 4 70 |
| Louvres | 22 | 1 » | Gare des Usines | 226 | 4 70 | Carvin | 230 | 4 70 |
| Luzarches-Survilliers | 29 | 1 » | **Maubeuge** | 227 | 4 70 | Seclin | 238 | 4 80 |
| Orry-la-Ville | 34 | 1 10 | Jeumont | 237 | 4 80 | **Lille** | 250 | 4 90 |
| Chantilly | 40 | 1 20 | **Erquelines** | 239 | » | Roubaix | 260 | 5 » |
| **Creil** | 49 | 1 50 | Liancourt | 57 | 1 80 | Tourcoing | 262 | 5 » |
| Cires les-Mello | 58 | 1 80 | Clermont | 64 | 2 » | Mouscron | 267 | » |
| Mouy-Bury | 65 | 2 » | Saint-Just | 78 | 2 40 | Pérenchies | 258 | 5 » |
| Heilles-Mouchy | 69 | » | Breteuil | 94 | 2 70 | Armentières | 265 | 5 » |
| Hermes-Berthecourt | 72 | 2 20 | Ailly-sur-Noye | 110 | 3 00 | Steenwerck | 272 | 5 » |
| Rochy-Condé | 79 | » | Boves | 121 | 3 30 | Bailleul | 277 | 5 » |
| **Beauvais** | 86 | 2 60 | **Amiens** | 129 | 3 40 | Strazeele | 285 | 5 » |
| Pont Ste.-Maxence | 61 | 1 90 | Ailly-sur-Somme | 139 | 3 60 | Hazebrouck | 291 | 5 » |
| Verberie | 70 | 2 10 | Picquigny | 144 | 3 70 | Cassel | 301 | 5 » |
| **Compiègne** | 82 | 2 50 | Hangest | 151 | 3 90 | Arnèke | 308 | 5 » |
| Thourotte | 91 | 2 70 | Longpré | 158 | 4 » | Esquelbecq | 314 | 5 » |
| Ribécourt | 96 | 2 80 | Pont Remy | 166 | 4 10 | Bergues | 324 | 5 » |
| Ourscamps | 100 | 2 80 | **Abbeville** | 173 | 4 20 | **Dunkerque** | 332 | 5 » |
| Noyon | 106 | 3 » | Noyelles | 188 | 4 30 | Ebblinghem | 301 | 5 » |
| Appilly | 114 | » | St.-Valéry | 193 | 4 40 | **Saint-Omer** | 312 | 5 » |
| Chauny | 122 | 3 30 | Rue | 198 | 4 40 | Watten | 320 | 5 » |
| Tergnier | 129 | 3 40 | Montreuil | 214 | 4 60 | Audruicq | 332 | 5 » |
| La Fère | 134 | 3 50 | Étaples | 225 | 4 70 | Ardres | 340 | 5 » |
| Crépy | 147 | 3 80 | Neufchâtel | 238 | 4 80 | St.-Pierre-lez-Calais | 351 | 5 » |
| **Laon** | 157 | 4 » | Pont-de-Briques | 247 | 4 90 | **Calais** | 353 | 5 » |
| Montescourt | 140 | 3 60 | **Boulogne** | 252 | 5 » | | | |

## CONDITIONS.

Les expéditions auront lieu par wagon complet d'au moins 5,000 kilogrammes,

Ce tarif comprend les frais de gare au départ et à l'arrivée. Le chargement et le déchargement seront faits par les soins des expéditeurs et des destinataires. Dans le cas où une de ces deux opérations devrait être faite par la Compagnie, il lui serait payé 30 centimes par 1,000 kilogrammes.

Les wagons doivent être déchargés, au plus tard, vingt-quatre heures après leur arrivée. Pour l'exécution de cette clause, tout destinataire qui n'aura pas son domicile dans la localité adjacente à la station, sera tenu d'y désigner un représentant pour recevoir les avis de la Compagnie. A défaut par lui de le faire, le délai de vingt-quatre heures courra à partir de l'instant où la lettre d'avis aura été déposée au bureau de poste de la localité. Passé ce délai, il est perçu, pour chômage forcé du matériel, un droit de 0 fr. 25 cent. par heure de retard et par wagon, étant d'ailleurs loisible à la Compagnie, passé ce même délai, de faire faire le déchargement par ses agents en percevant les frais indiqués ci-dessus pour cette opération. Le combustible ainsi déchargé sera soumis, à dater de la mise à terre, à un droit de magasinage de 0 fr. 10 cent. par tonne et par jour.

### AVIS IMPORTANT.

Les prix du présent tarif ne seront appliqués qu'autant que l'expéditeur en aura fait la demande expresse sur sa déclaration. A défaut de cette demande préalable, l'expédition sera taxée de droit aux prix et conditions du tarif général.

# Tarif spécial P. V. — N° 18.

## MARCHANDISES DIVERSES

Expédiées par wagon complet d'au moins 5,000 kilogrammes,

**Au départ de Paris (gare de La Chapelle) vers le Nord.**

### PREMIÈRE CATÉGORIE.

Blanc de zinc. — Écorces à tan. — Émeri brut. — Étain en saumons. — Mélasse.— Plomb en saumons. — Savons mous en barils. — Sel ammoniac. — Silicate de soude et de potasse. — Soufre brut. — Zinc en saumons.

*Prix de gare en gare :*

6.e série des tarifs généraux avec les maxima ci-après :

Fr. 8 » par tonne, en destination de St.-Quentin, La Fère, et des points intermédiaires entre ces deux gares et Paris.

10 » id. en destination de Cambrai et des points intermédiaires entre cette gare et Saint-Quentin.

12 » id. en destination de tous les autres points de la ligne.

### DEUXIÈME CATÉGORIE.

Alquifoux. — Alun. — Asphalte. — Baryte. — Bitume solide. — Betteraves. — Blanc d'Espagne, de Meudon et de Troyes. — Brai. — Bois de teinture en bûches. — Carbonate de baryte. — Chlorures de chaux en barils. — Ciments en barils ou en sacs. — Couperose. — Craie. — Déchets de cornes et d'os — Déchets de papier et de carton. — Galène. — Goudron. — Manganèse. — Noir pour engrais — Ocre en tonneaux. — Os bruts, — Os concassés. — Plâtre pour moulage. — Rognures de cuivre et autres métaux. — Sabots de bétail. — Sang en barriques. — Sel gemme. — Sel marin. — Sulfate de baryte. — Sulfate de cuivre, de fer, de potasse, de soude et de zinc. — Tourteaux. — Vitriol bleu ou vert.

*Prix de gare en gare :*

6.e série des tarifs généraux avec les maxima ci-après :

Fr. 7 » par tonne, en destination de Saint-Quentin, La Fère, et des points intermédiaires entre ces deux gares et Paris.

8 » id. en destination de Cambrai et des points intermédiaires entre cette gare et Saint-Quentin.

10 » id. en destination de tous les autres points de la ligne.

## TROISIÈME CATÉGORIE.

Argile. — Cailloux. — Cendres pour engrais. — Escarbilles. — Fumier. — Gravier. — Groisil. — Marne. — Matériaux pour la construction et l'entretien des routes. — Minerai de fer et autres. — Pavés. — Pierres meulières. — Poudrettes. — Pyrites. — Terre réfractaire. — Terre végétale et à poterie. — Sable. — Verre cassé.

*Prix de gare en gare* :

6.e série des tarifs généraux avec maximum de :

Fr. 7 » par tonne.

---

Les prix de fr. 12, 10, 8 et 7, indiqués ci-dessus, comprennent les frais de gare au départ et à l'arrivée. Le chargement et le déchargement seront faits par les expéditeurs et les destinataires. Dans le cas où l'une de ces opérations serait faite par la Compagnie, elle lui serait payée 0 fr. 30 par 1,000 kilogrammes.

Les expéditions faites vers le Nord, des gares intermédiaires comprises entre Paris et le Nord, jouiront des prix du présent tarif spécial, si la taxe ainsi calculée est plus avantageuse à l'expéditeur que celle du tarif général.

---

## CONDITIONS.

Les prix du présent tarif ne sont applicables qu'aux expéditions d'au moins 5,000 kilogrammes.

Les expéditions inférieures à 5,000 kilogrammes restent soumises aux prix et conditions du tarif général, à moins que l'expéditeur n'ait avantage à payer une taxe calculée sur 5,000 kilog., d'après le prix du présent tarif spécial.

La Compagnie se réserve de prolonger, à sa volonté, de cinq jours au-delà des délais réglementaires pour le transport des marchandises à petite vitesse, la durée des transports faisant l'objet de ce tarif.

Elle ne répond pas des déchets de route.

Les expéditeurs sont tenus d'ailleurs de se conformer à tous les règlements et ordres de service de la Compagnie, ainsi qu'à celles des conditions du tarif général qui ne se trouvent pas modifiées par le présent tarif.

## AVIS IMPORTANT.

Les prix du présent tarif ne seront appliqués qu'autant que l'expéditeur en aura fait la demande expresse sur sa déclaration. A défaut de cette demande préalable, l'expédition sera taxée de droit aux prix et conditions du tarif général.

Lille-Imp. L. Danel

www.ingramcontent.com/pod-product-compliance
Ingram Content Group UK Ltd.
Pitfield, Milton Keynes, MK11 3LW, UK
UKHW020950220726
13924UKWH00002B/610

9 782019 948740